2023年
工程建设行业
市场数据研究报告

中国施工企业管理协会　建设通大数据研究院　编著

2023 MARKET DATA RESEARCH REPORT
IN ENGINEERING CONSTRUCTION INDUSTRY

中国市场出版社
China Market Press
·北京·

图书在版编目（CIP）数据

2023 年工程建设行业市场数据研究报告／中国施工
企业管理协会，建设通大数据研究院编著. -- 北京：中
国市场出版社有限公司，2024.3

ISBN 978-7-5092-2549-3

Ⅰ.①2… Ⅱ.①中… ②建… Ⅲ.①建筑业-统计数
据-研究报告-中国-2023 Ⅳ.①F426.9

中国国家版本馆 CIP 数据核字（2024）第 066802 号

2023 年工程建设行业市场数据研究报告

2023 NIAN GONGCHENG JIANSHE HANGYE SHICHANG SHUJU YANJIU BAOGAO

编　　著：中国施工企业管理协会　建设通大数据研究院
责任编辑：王雪飞

出版发行：中国市场出版社

社　　址：北京市西城区月坛北小街 2 号院 3 号楼（100837）

电　　话：(010) 68034118/68021338

网　　址：http://www.scpress.cn

印　　刷：河北鑫兆源印刷有限公司

规　　格：170mm×240mm　　1/16

印　　张：18　　　　　　　　字　　数：265 千字

版　　次：2024 年 3 月第 1 版　　印　　次：2024 年 3 月第 1 次印刷

书　　号：ISBN 978-7-5092-2549-3

定　　价：88.00 元

《2023 年工程建设行业市场数据研究报告》

编 委 会

主　　编： 尚润涛

副 主 编： 孙晓波　马玉宝　王武民　张长春　王　锋

执行主编： 刘永红　吴许杰

参编人员： 王　平　饶平江　经　琦　张永安　方必清　阮晓东

　　　　　　 贾海峰　李爱民　吴仲强　史斯年　吕晓光　王雪萍

　　　　　　 郭　敏　詹林艳　魏　瑜　曹　宇　周佳娜　郁　涵

　　　　　　 沈舒鸿　刘　昕　涂有亮　王纯海

参编单位： 中国建筑第八工程局有限公司

　　　　　　 中国二十二冶集团有限公司

　　　　　　 中国建筑一局（集团）有限公司

　　　　　　 安徽华景建设有限公司

前言

工程建设行业是国民经济的支柱产业，行业发展状况呈现出的各类信息和数据都是经济社会发展的映射。对这些经济数据的分析，有助于把握宏观经济形势，为行业发展的对策和方向提供重要参考。《2023 年工程建设行业市场数据研究报告》（以下简称《报告》）正是基于这样的考虑编制和发布。

《报告》梳理了工程建设行业的整体发展环境，包括宏观经济走势、政策法规变化、技术进步等影响行业发展的关键因素；分析了工程建设市场规模、增长速度、区域分布、行业结构；展现了行业发展趋势和未来发展潜力，提出了企业应对策略和建议。

《报告》编撰过程中得到了建设通大数据研究院、行业专家学者和相关企业的大力支持，在此表示诚挚的谢意！行业发展是一个动态的过程，各类信息数据的广度和精度都是相对的，《报告》中难免有不足之处，敬请各位专家、读者批评指正！

中国施工企业管理协会

数据口径

◆ **中标业绩**

1. 中标业绩数据采用的项目金额范围是 5000 万元及以上的数据,统计日期为 2023 年 1 月 1 日至 2023 年 12 月 31 日。

2. 部分跨地级市(区)的项目,按照项目起始地点进行地级市(区)归类。

3. 项目金额:项目金额将会采用中标金额、控制价、总投资金额。优先采用已公示中标金额,若未公示中标金额则以控制价作为项目金额,若未公示中标金额又未公示控制价则以总投资金额来作为项目金额,保证项目金额完成度达到 95%。

4. 项目金额统计

因铁路、公路项目联合体多、金额大,对数据统计的结果影响偏差大,故对联合体项目采用以下统计方法:

(1)区域业绩统计联合体项目金额去重,不作重复统计;

(2)企业业绩统计分两种情况:第一种根据参与企业个数平均联合体全额业绩;第二种去除联合体业绩,只计算单招业绩,具体数据详见不同表格的说明。

◆ **营商环境**

建筑施工民企市场活跃指数、招投标市场开放指数、招投标市场竞争指数、招投标市场集中指数、招投标市场信用信息分析(包括企业荣誉和诚信不良)采用全额段的中标业绩数据,无设置项目金额范围条件。招投标市场集中指数部分使用5000万元以上业绩数据。

目录

第一章

宏观经济形势分析及地方政府产业投资布局

[摘要] 本章是宏观经济数据和地方政府产业投资情况，包括国内生产总值（GDP）、固定资产投资、财政收支、房地产和建筑业发展情况等。

1.1 2023 年全国宏观经济发展环境

1.1.1 2023 年各省份宏观经济数据

1.1.1.1 GDP 和固定资产投资

2023 年，国际环境复杂严峻，国内改革发展稳定任务艰巨繁重，我国经济回升向好，供给需求稳步改善，转型升级积极推进，就业、物价总体稳定，民生保障有力有效，高质量发展扎实推进，主要预期目标圆满实现。初步核算，全年国内生产总值 1260582 亿元，按不变价格计算，比上年增长 5.2%。分产业看，第一产业增加值 89755 亿元，比上年增长 4.1%；第二产业增加值 482589 亿元，增长 4.7%；第三产业增加值 688238 亿元，增长 5.8%。

2023 年，全国固定资产投资（不含农户）503036 亿元，比上年增长 3.0%，其中民间固定资产投资 253544 亿元，比上年下降 0.4%。2023 年各省（市、自治区）的经济数据详见表 1-1。

表 1-1 2023 年各省（市、自治区）经济数据

序号	地区	GDP（亿元）	GDP 同比增长（%）	固定资产投资（不含农户）同比（%）
1	广东	135673.16	4.8	2.5
2	江苏	128222.20	5.8	5.2
3	山东	92069.00	6.0	5.2
4	浙江	82553.00	6.0	6.1
5	四川	60132.90	6.0	2.4
6	河南	59132.39	4.1	2.1
7	湖北	55803.63	6.0	5.0
8	福建	54355.10	4.5	2.5
9	湖南	50012.85	4.6	-3.1
10	上海	47218.66	5.0	13.8

续　表

序号	地区	GDP（亿元）	GDP 同比增长（%）	固定资产投资（不含农户）同比（%）
11	安徽	47050.60	5.8	4.0
12	河北	43944.10	5.5	6.3
13	北京	43760.70	5.2	4.9
14	陕西	33786.07	4.3	0.2
15	江西	32200.10	4.1	−5.9
16	辽宁	30209.40	5.3	4.0
17	重庆	30145.79	6.1	4.3
18	云南	30021.00	4.4	−10.6
19	广西	27202.39	4.1	−15.5
20	山西	25698.18	5.0	−6.6
21	内蒙古	24627.00	7.3	19.8
22	贵州	20913.25	4.9	−5.7
23	新疆	19125.91	6.8	12.4
24	天津	16737.30	4.3	−16.4
25	黑龙江	15883.90	2.6	−14.8
26	吉林	13531.19	6.3	0.3
27	甘肃	11863.80	6.4	5.9
28	海南	7551.18	9.2	1.1
29	宁夏	5314.95	6.6	5.5
30	青海	3799.06	5.3	−7.5
31	西藏	2392.67	9.5	35.1

1.1.1.2 财政收支情况

详见表1-2。

表1-2 2023年各省（市、自治区）财政收支数据

序号	地区	一般公共预算收入（亿元）	一般公共预算收入自然口径增长（%）	一般公共预算收入同口径增长（%）	一般公共预算支出（亿元）	一般公共预算支出同比增长（%）
1	广东	13851.30	4.30	4.30	18510.90	0.01
2	江苏	9930.00	7.25	7.30	15243.00	2.30
3	浙江	8600.02	-6.06	7.00	12353.09	2.80
4	上海	8312.50	9.26	9.30	9638.50	2.60
5	山东	7465.00	5.08	5.10	12600.00	3.70
6	北京	6181.10	8.17	8.20	7971.60	6.70
7	四川	5529.10	13.25	6.60	12731.70	6.90
8	河南	4512.00	5.88	6.20	11062.60	3.90
9	河北	4286.15	4.95	5.70	9605.70	3.20
10	安徽	3938.96	9.75	9.70	8638.15	3.10
11	湖北	3692.00	12.54	—	—	—
12	福建	3591.87	7.57	7.60	5868.43	3.10
13	山西	3479.15	0.73	0.70	6351.20	8.10
14	陕西	3437.40	3.80	3.80	7180.90	6.20
15	湖南	3360.50	8.34	8.30	9584.50	6.60
16	内蒙古	3083.40	9.17	9.20	6817.50	15.80
17	江西	3059.60	3.78	3.80	7500.60	2.90
18	辽宁	2754.00	9.10	9.10	6567.30	4.90
19	重庆	2440.70	16.04	16.00	5305.00	8.40
20	新疆	2179.69	15.38	15.30	6049.60	5.90
21	云南	2149.40	10.26	10.30	6730.30	0.50
22	贵州	2078.25	10.17	10.20	6202.83	6.00
23	天津	2027.30	9.79	9.80	3280.40	20.20
24	广西	1783.80	5.69	5.70	6102.58	3.60
25	黑龙江	1395.97	8.16	8.20	5776.70	6.00

续　表

序号	地区	一般公共预算收入（亿元）	一般公共预算收入自然口径增长（%）	一般公共预算收入同口径增长（%）	一般公共预算支出（亿元）	一般公共预算支出同比增长（%）
26	吉林	1074.80	26.30	26.30	4406.80	9.00
27	甘肃	1003.50	10.57	10.60	4518.50	6.10
28	海南	900.69	8.20	8.20	2257.40	7.60
29	宁夏	502.26	9.15	9.20	1751.45	10.30
30	青海	381.31	15.86	15.90	2188.70	10.80
31	西藏	236.60	31.70	31.70	2809.10	8.30

1.1.1.3　房地产行业情况

2023 年各省（市、自治区）房地产行业数据详见表 1-3。

表 1-3　2023 年各省（市、自治区）房地产行业数据

序号	地区	房地产开发投资额（亿元）	累计同比（%）	房屋新开工面积（万平方米）	累计同比（%）	房屋竣工面积（万平方米）	累计同比（%）
1	广东	13465.88	-10.00	6879.83	-19.40	8017.13	-1.80
2	浙江	13197.92	2.00	7537.25	-5.60	9933.66	62.00
3	江苏	11891.28	-4.20	8234.48	-16.90	8816.86	11.70
4	山东	8168.86	-10.20	7928.39	-24.60	8861.53	32.50
5	上海	5885.79	18.20	2373.60	-19.30	2096.36	25.10
6	湖北	5409.05	-3.50	3599.09	-15.50	3779.16	22.70
7	四川	5320.60	-23.30	5818.60	-29.80	4118.38	1.60
8	安徽	4659.36	-16.40	5174.98	-24.10	5634.09	-3.30
9	福建	4403.37	-12.70	3526.23	-14.70	4264.91	5.20
10	北京	4195.67	0.40	1257.14	-29.20	2042.25	5.40
11	河南	4189.40	-9.30	5627.85	-33.20	6043.89	-0.10
12	湖南	3833.06	-13.10	3879.92	-29.70	4274.27	24.40
13	河北	3093.51	-12.70	4953.35	-8.20	3420.97	35.60
14	陕西	2943.30	-14.80	4270.16	-3.20	2172.16	12.90

序号	地区	房地产开发投资额（亿元）	累计同比（%）	房屋新开工面积（万平方米）	累计同比（%）	房屋竣工面积（万平方米）	累计同比（%）
15	重庆	2792.42	-13.20	1970.51	-11.30	3257.26	16.60
16	云南	2066.55	-34.40	2154.85	-26.30	3195.49	24.60
17	山西	1751.49	-0.70	2498.87	-27.70	2345.01	10.30
18	辽宁	1744.75	-26.10	1578.03	-33.70	2242.43	15.20
19	江西	1580.70	-7.10	2687.54	-25.00	1935.31	40.20
20	广西	1337.02	-31.20	1862.88	-38.60	2614.86	11.50
21	甘肃	1263.07	-14.80	1577.93	-25.10	1241.19	35.20
22	天津	1231.55	-42.10	1031.83	54.70	1813.99	20.60
23	贵州	1188.31	-19.80	1809.31	-15.40	1579.10	64.00
24	海南	1170.73	1.10	1052.63	-0.50	741.30	-1.30
25	新疆	1168.53	0.80	1946.31	-25.80	1297.88	13.70
26	内蒙古	963.37	-1.50	1427.84	-12.40	1216.54	10.50
27	吉林	823.82	-18.80	949.24	9.20	670.85	-7.40
28	黑龙江	456.96	-27.30	735.32	-25.80	828.56	13.20
29	宁夏	436.06	3.80	754.45	-1.50	1039.27	65.70
30	青海	201.35	-32.00	232.89	-44.90	269.82	8.90
31	西藏	79.16	30.40	44.24	-45.10	66.59	86.10

1.1.2　2023 年建筑业发展情况分析

1.1.2.1　建筑业增加值

2023 年，建筑业增加值 85691.1 亿元，增速 6.1%，近五年整体呈上升趋势。详见图 1-1。

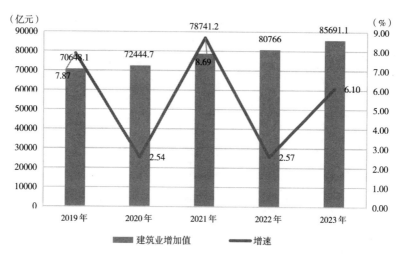

图 1-1　2019—2023 年建筑业增加值变化趋势

1.1.2.2　建筑业固定资产投资及总产值

从 2013—2023 年建筑业固定资产投资（不含农户）数据来看，整体呈波动振荡趋势，详见图 1-2。2023 年建筑业固定资产投资较 2022 年实现高速增长，增速达 22.5%，表明疫后国内建筑业市场回暖明显。

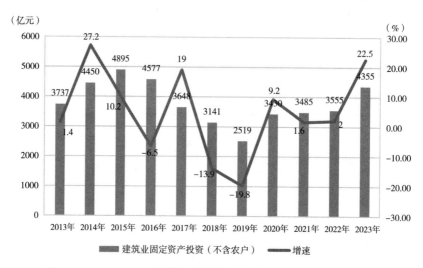

图 1-2　2013—2023 年建筑业固定资产投资（不含农户）及增速

同时，从 2013—2023 年全国建筑业总产值数据来看，整体呈平稳上升趋势。自 2016 年开始，建筑业总产值的增速维持在 5%～10% 的区间内，而 2023 年增速放缓，录得 3%，表明建筑业市场存量空间巨大，而增量空间已趋近饱和，详见图 1-3。

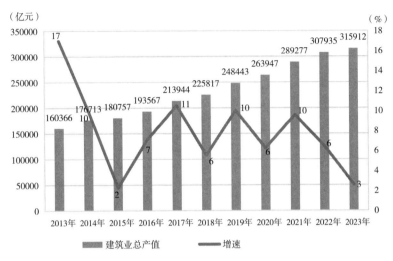

图 1-3 2013—2023 年全国建筑业总产值及增速情况

1.1.2.3 从业人员及劳动生产率

2023 年，受疫情影响逐渐减弱叠加国内经济弱复苏态势，建筑业从业人数三年来首次实现正增长，录得 5254 万人，增长率为 1.35%，详见图 1-4。

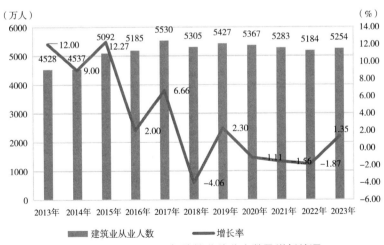

图 1-4 2013—2023 年建筑业从业人数及增长情况

同时，自 2014 年开始，建筑业劳动生产率呈现逐年增加态势，至 2022 年达到峰值，并于 2023 年首次录得增速为负，从 2022 年建筑业劳动生产率为 493526 元/人下降至 464899 元/人，详见图 1-5。

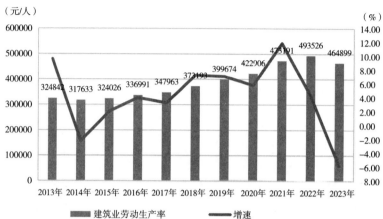

图 1-5　2013—2023 年按建筑业总产值计算的建筑业劳动生产率及增速

1.1.2.4　企业数量

从 2016 年开始，建筑业企业数量呈现逐年递增态势，2023 年建筑业企业数量突破 150000 个，但增速较前三年有所放缓，录得 9.96%，详见图 1-6。

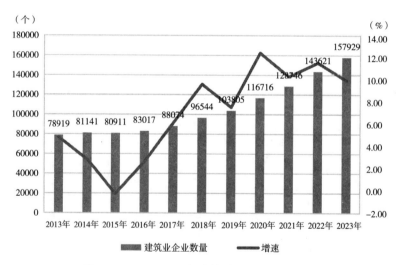

图 1-6　2013—2023 年建筑业企业数量及增速

1.1.2.5　企业签订合同额

近十年来，我国建筑业企业签订合同总额持续增长，但增速放缓；新签合同额延续近几年下降趋势，2023 年首次出现下降（2023 年新签合同增长率为-2.34%），为十年来首次，表明我国建筑市场增量空间有限，饱和程度进一步加剧，详见图1-7。

图1-7 2013—2023年全国建筑业企业签订合同总额、新签合同额及增速

同时，从企业新签合同额占合同总额比重来看，近十年总体呈现下降趋势，从2013年的60.45%下降到2023年的49.13%，占比首次跌破50%，市场增量进一步收缩，详见图1-8。

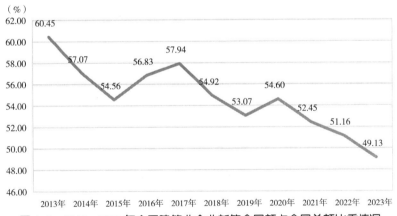

图1-8 2013—2023年全国建筑业企业新签合同额占合同总额比重情况

1.1.2.6 企业房建施工、竣工面积

近十年来，我国房屋施工面积经历"先上升，后下降"，具体表现为自2013—2021年总体上升，从2022年至今下降；房屋竣工面积自2017年后仅有2021年实现正增长，其余年份增速均为负数，考虑到近年来"保交楼"等系列

措施持续发力，未来房屋竣工面积增速有望改善，详见图 1-9。

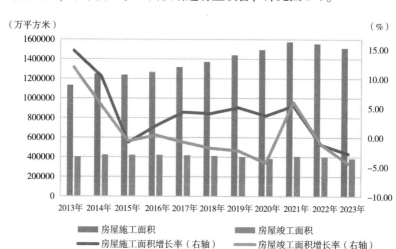

图 1-9 2013—2023 年建筑业企业房屋施工面积、竣工面积及增速

1.1.2.7 对外合作情况

十年来，我国对外承包工程完成营业额增长率、新签合同额增长率均呈下降趋势。2023 年，疫情影响逐渐减弱，完成营业额与新签合同额较过去三年均有显著增长，新签合同额增长率也实现由负转正，然而受到地缘政治、中美大国博弈及逆全球化趋势加剧等因素牵制，对外承包工程完成额方面仍将出现阶段性承压局面，详见图 1-10。

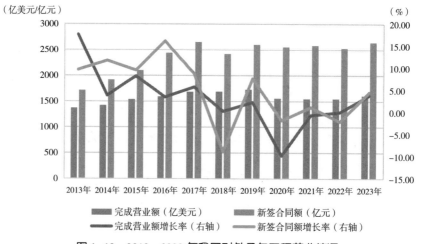

图 1-10 2013—2023 年我国对外承包工程营业情况

2023 年我国对外劳务合作人员方面，尽管在外各类劳务人员出现小幅下降，对外劳务合作派出各类劳务人员打破 2022 年下跌态势，实现正增长。随着全球经济缓慢复苏及我国"一带一路"倡议持续深入实践，预计对外劳务合作人数将延续增长态势，详见图 1-11。

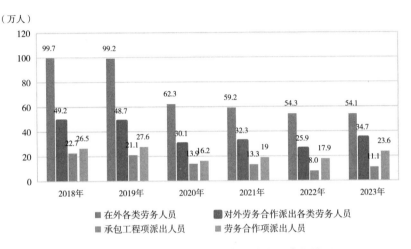

图 1-11 2018—2023 年对外劳务合作人员变化情况

1.2 地方政府产业投资布局

近年来，各地政府优化投资布局，推动传统产业转型升级，有序布局未来产业，加快新旧动能转换，着力扩大需求，"坚持稳中求进、以进促稳、先立后破"，不断巩固经济基础，助力实现产业转型升级、结构调整、动力优化，创新发展动能增强，转型升级成效显著，为培育未来产业，加快形成新质生产力奠定了良好基础。

1.2.1 推动传统产业升级，实现新旧动能转换

各地区坚持科技创新引领现代化产业体系建设，扎实推进制造业高端化、智能化、绿色化转型，经济发展的新动能新优势不断壮大，现代化产业体系建设取得新进展。

加快传统产业技术改造升级。加大智能制造推广力度，目前已经建成了 62 家"灯塔工厂"，培育了 421 家国家级智能制造示范工厂、万余家省级数字化车间和智能工厂。大飞机、新能源汽车、高速动车组等领域示范工厂研制周期平均缩短近 30%，生产效率提升约 30%；钢铁、建材、民爆等领域示范工厂本质安全水平大幅提升，碳排放减少约 12%。国家两化融合公共服务平台服务工业企业 18.3 万家，数字化研发设计工具普及率达到 79.6%，关键工序数控化率达到 62.2%。

加快产业绿色低碳转型升级。钢铁、电解铝等行业中的落后产能进一步退出，78 家钢铁企业 3.9 亿吨粗钢产能完成全流程超低排放改造。截至 2023 年底，我国可再生能源发电装机容量占比超过总装机的一半，历史性地超过火电。新能源汽车产销量居世界第一，电动载人汽车出口量同比增长 67.1%，绿色低碳产品产量快速增长。截至 2023 年底，在国家层面累计创建绿色工厂 5095 家，产值占制造业总产值的比重超过 17%。全球单机容量最大的海上风机成功并网发电，光伏产业链主要环节产量连续多年保持全球第一。首个万吨级绿氢产业化示范项目建成投产。全年环保装备制造业总产值预计超过 9700 亿元。全年新能源汽车废旧动力电池综合利用量 22.5 万吨，基本实现应收尽收。

1.2.2 加快新兴产业发展，开辟竞争新领域新赛道

2023 年，我国积极培育新动能，活力进一步释放，发展方式进一步转变。

新兴产业增速较快。我国坚持以科技创新引领现代化产业体系建设，加快打造创新高地，布局 29 家国家及国家地方共建制造业创新中心，加快建设 45 个国家先进制造业集群。178 家国家高新区星罗棋布，成为引领带动产业科技创新的重要力量。一批高端化、智能化、绿色化新型支柱产业快速崛起，我国新三样（新能源汽车、锂电池、光伏产品）出口增速较高，2023 年出口额首次破万亿元，合计出口 1.06 万亿元，同比增 29.9%。水轮发电机组、风力发电机组、充电桩等绿色能源相关产品生产保持高速增长，产量分别增长 35.3%、28.7%、36.9%。

工业互联网发展迅速。我国工业互联网已进入规模化发展新阶段，2023年核心产业规模达1.35万亿元，工业互联网融入49个国民经济大类，覆盖全部工业大类。信息技术（IT）、通信技术（CT）、控制技术（OT）、数字技术（DT）"4T"加快融合，工业级5G模组成本较商用初期下降90%，累计发布3项国际标准和90项国家标准。工业互联网产业联盟成员单位突破2500家，上市企业数连续7年保持增长，累计达到300家。轻量化5G核心网、定制化基站等实现商用部署。5G工业网关、巡检机器人等一批新型终端成功研发。建成全球最大的光纤和移动宽带网络，算力总规模全球第二，具有一定影响力的工业互联网平台超过340家。

1.2.3 前瞻布局未来产业，抢占产业发展制高点

各地政府抓顶层设计，立足区域特点持续推动未来产业发展，加速推进未来产业先导区布局，围绕先导区建设重点培育、打造一批细分赛道新成果，同时根据自身资源禀赋挖掘新兴领域增长点，谋划新的未来产业先导区。

先行省份抢先探索。浙江、上海、深圳等先行省市立足本地科技、产业和资源优势，逐步探索较为清晰完整的未来产业发展路径。浙江省构建"源头创新—技术转化—产品开发—场景应用—产业化—产业集群"的未来产业培育链路，打造集技术创新、成果转化、场景应用和产业发展于一体的未来产业生态布局。深圳市聚焦"基础研究+技术攻关+成果产业化+科技金融+人才支撑"全过程创新生态链，实施"强基""突破""加速""融合""汇聚"五大工程，推动创新资源向未来产业集聚，实现产业链、创新链、人才链、教育链"四链"深度融合。

未来产业发展取得积极成效。量子信息方面，量子计算原型机"九章二号"以及"祖冲之二号"成功构建，自此我国成为目前唯一在两种物理体系都实现"量子优越性"的国家。生物制造方面，我国在国际上首次实现淀粉全人工合成，被国内外领域专家认定为"典型的'从0到1'的原创性突破"。我国人工智能研究成果不断突破，机器学习、自然语言处理等领域不断催生新算法、新模型、新范式，AI（人工智能）框架正向着全

场景支持、超大规模 AI 等技术特性深入探索。北斗系统实现 45 颗在轨卫星提供服务，应用深度将持续提升。各省市区未来产业发展重点详见表1-4。

表 1-4　我国 31 个省市区未来产业发展重点

省市区	未来产业发展重点
北京	（1）发展节能环保产业、文化创意产业； （2）促进健康、养老、体育产业发展； （3）打造金融、信息、科技服务三大优势产业； （4）力争在新能源汽车、集成电路、机器人等重点领域取得突破； （5）积极发展大数据产业。
天津	（1）壮大高端装备、新一代信息技术、航空航天等十大先进制造产业。 （2）建设一批智能制造试点。 （3）推进创新平台建设，建成行业领先的研发转化平台，建设一批重点实验室、工程中心等创新机构。打造科技小巨人升级版，着力推进能力、规模、服务升级，科技型中小企业总量达到 10 万家，小巨人企业 5000 家，国家高新技术企业 5000 家。 （4）大力发展新型金融，建设一批运营平台、一批行业领先的创新型机构、一批具有国际影响力的金融品牌。 （5）推动文化产业成为国民经济支柱性产业。
上海	（1）加快发展文化创意产业； （2）促进新技术、新模式、新业态、新产业"四新"经济发展； （3）在民用航空发动机与燃气轮机、脑科学与人工智能等领域实施一批重大科技项目，在新能源汽车、机器人与智能制造等领域布局一批重大创新工程； （4）推动大飞机、北斗卫星导航、集成电路等战略性新兴产业。
江苏	（1）加快发展文化创意产业； （2）促进新技术、新模式、新业态、新产业"四新"经济发展； （3）在民用航空发动机与燃气轮机、脑科学与人工智能等领域实施一批重大科技项目，在新能源汽车、机器人与智能制造等领域布局一批重大创新工程； （4）推动大飞机、北斗卫星导航、集成电路等战略性新兴产业。

省市区	未来产业发展重点
山东	（1）大力发展教育、医疗、养老等产业，引导各类服务业改善供给结构； （2）下决心推动钢铁、煤炭、水泥等行业去产能； （3）加快食品、轻工、纺织等传统优势产业转型升级； （4）培育发展新一代信息技术、轨道交通设备、海洋工程装备等新兴产业； （5）推动其他各类知识密集型产业快速成长。
重庆	（1）引进和实施一批石墨烯、轨道交通装备、精细化工等重大项目，带动关联产业发展； （2）打造十大战略性新兴产业，力争形成万亿元产值； （3）延伸汽车产业链，年产销量力争达到400万辆； （4）提高电子信息产业研发制造能力和市场占有率； （5）推动集成电路产业重点突破和整体提升，构建芯片、软件、整机、系统、信息服务全产业链； （6）大液晶显示产业规模； （7）加快培育机器人及智能装备产业，发展基于3D打印技术等新型制造方式； （8）推进石墨烯在工业和消费领域的产业化应用，开发高端金属和纤维复合材料，打造新材料基地； （9）瞄准通用航空器、轨道交通装备、高技术船舶主机与关键零部件，提升高端交通装备产业优势； （10）加强页岩气开发央地合作和各类市场主体培育，构建勘探开发、加工应用、装备制造全产业链； （11）拓展天然气化工上下游产业链，壮大精细化工产业集群； （12）推进医药企业兼并重组和新药开发引进，发挥生物医药产业后发优势； （13）提升环保技术装备水平和总包能力，形成对接市场、配套完备的环保产业集群； （14）依托云计算数据中心优势，引进和培育数据应用企业，形成服务国内外的大数据产业链； （15）创新发展电子商务，促进线上线下互动，完善跨境电商口岸通关、国际配送和结算服务体系，促进电子商务与其他产业融合发展； （16）把旅游业培育成为支柱产业，建成国际知名旅游目的地； （17）建设成为全国重要的电子商务、物联网、云计算大数据、智慧物流和数字内容产业中心，促进互联网与经济社会深度融合； （18）务实推动"互联网+"和"+互联网"行动，以"互联网+"带动新兴产业发展，通过"+互联网"为传统产业插上互联网的翅膀。

省市区	未来产业发展重点
浙江	（1）重点抓好以互联网为核心的信息经济，逐步形成以现代农业为基础、信息经济为龙头、先进制造业和现代服务业为主体的产业结构； （2）加快规划建设杭州城西科创大走廊、钱塘江金融港湾、乌镇互联网创新发展试验区； （3）推进农业全产业链建设，建设一批农业产业集聚区。
广东	（1）发展"工作母机"类装备制造业； （2）加快高档数控机床和机器人等智能装备的研发和产业化，打造一批智能制造示范基地； （3）培育壮大一批工业机器人制造企业，实施机器人示范应用计划； （4）大力发展工业互联网，促进生产型制造向服务型制造转变； （5）做大做强战略性新兴产业，推进新一代显示技术等6个产业区域集聚发展试点，培育3D打印、可穿戴设备等新兴产业； （6）推进海洋经济综合试验区建设，发展海洋经济； （7）加快发展节能环保产业； （8）打造跨境电商产业功能区，支持有条件的城市申报跨境电商综合试验区； （9）发展影视传媒、动漫游戏、广告创意等文化产业集群。
四川	（1）"7+7+5"产业：七大优势产业、七大战略性新兴产业和五大高端成长型产业； （2）建设世界级钒钛产业基地、全国重要的稀土研发制造中心； （3）发展现代农业和健康养老旅游业； （4）发展川西北生态经济区全域旅游，建设川藏世界旅游目的地； （5）启动实施制造业创新中心建设、高端装备创新研制及智能制造等一批重大工程； （6）大力发展云计算、大数据产业。培育石墨烯、北斗卫星导航、机器人等新兴产业； （7）培育知识产权密集型产业； （8）着力提高电子信息、汽车制造产业本地配套率； （9）支持川酒、川茶、川菜等特色优势产业； （10）推动节能环保装备产业发展。
福建	（1）重点发展智能制造、绿色制造、服务型制造等新兴产业； （2）2020年，电子、石化、机械三大主导产业和海洋经济产值均超万亿元； （3）旅游、物流、金融成为新的主导产业； （4）做大特色优势农业。

省市区	未来产业发展重点
山西	（1）加快发展七大非煤产业； （2）加快推进风电、光伏发电和生物质能发电、煤基清洁能源； （3）重点发展轨道交通、煤机、煤层气等装备制造产业； （4）积极发展特色食品、现代医药产业； （5）大力发展电动汽车产业； （6）发展旅游业、研发设计、检验检测等高技术服务业、健康养老产业等现代服务业； （7）加快云计算、大数据、物联网等与现代制造业、现代农业、现代服务业深度融合，发展分享经济。
安徽	（1）大力发展现代服务业，实施服务业主导产业培育计划； （2）促进现代物流、信息服务、健康服务等产业规模化、高端化发展； （3）发展分享经济，促进互联网与经济社会融合发展； （4）建设互联网文化产业和创意文化产业综合试验基地； （5）加快发展量子通信、航空动力、高端医疗装备等新兴产业； （6）培育壮大科技服务、工业设计、检验检测等新兴服务业。
江西	（1）在电子信息、航空制造、生物医药等领域实施一批重大产业项目； （2）推进LED（发光二极管）产业基地建设； （3）加快大数据、云计算的开发应用； （4）实施"互联网+智能制造"行动计划； （5）培育发展高档数控机床、工业机器人等产业； （6）积极发展文化创意产业。
河南	（1）重点推动高端装备制造业，包括电气装备、矿山装备、现代农机等； （2）龙头带动、集群配套为抓手促进电子信息产业加快发展； （3）重点发展智能终端、智能穿戴生产能力、软件开发、动漫游戏等产业； （4）加快发展冷链、休闲、健康等食品产业； （5）重点突破电池、电机、电控等关键核心技术和相关零部件产业，加速电动汽车产业化； （6）钢铁、电解铝等产业扩大精深加工产品； （7）推动生物医药产业加速发展； （8）发展节能环保产业和环保装备产业化。

续　表

省市区	未来产业发展重点
湖南	(1) 抓好电力机车工程实验室及智能制造车间等重点项目建设； (2) 推动装备制造、钢铁等传统产业绿色化； (3) 促进新能源、新材料等新兴产业规模化、集约化成长； (4) 加快培育新能源汽车、高性能数字芯片、智能电网等新增长点； (5) 推进浮空器、高效液力变矩器等产业项目建设； (6) 加快发展金融保险、研发设计、等生产性服务业； (7) 完善云计算、大数据平台。
湖北	(1) 大力发展生态旅游、生态农业、健康养生等产业； (2) 加快先进制造业发展，加快形成 2 至 3 个产值过万亿的产业； (3) 实施大数据发展行动计划； (4) 盯紧光电子、3D 打印与新一代信息技术等 15 个重点产业领域； (5) 实施智能制造等九大工程； (6) 促进新一代信息技术等十大产业领域实现突破发展； (7) 培育 30 个新兴领域重点成长型产业集群。
河北	(1) 推广冰雪运动、发展冰雪产业，打造京张体育文化旅游产业带； (2) 壮大保定汽车、石家庄通用航空等先进装备制造基地； (3) 推进沧州激光、邢台新能源汽车产业园； (4) 做强光伏、风电、智能电网三大新能源产业链； (5) 建设"京津冀大数据走廊"； (6) 培育壮大节能环保监测、治理装备产业； (7) 推动旅游产业发展； (8) 畜牧、蔬菜、果品三大优势主导产业。
辽宁	(1) 促进机器人、航空航天、生物医药等战略性新兴产业加快发展； (2) 发展满足市场需求的电子信息、纺织服装、食品加工等轻工业； (3) 实施"互联网+"行动计划，推动移动互联网、云计算、大数据等与现代制造业结合； (4) 电子商务、工业互联网和互联网金融健康发展； (5) 支持快递物流产业园区建设； (6) 加快发展临港、临空产业。
陕西	(1) 重点发展电子信息、航空航天、新能源汽车等产业； (2) 推进汽车基地和新能源汽车研发； (3) 以国家基金图推动航空发动机专项和集成电路产业发展； (4) 建立航空及航空服务业和卫星应用产业聚集区； (5) 超前部署石墨烯、量子通信、第五代移动通信等项目。

省市区	未来产业发展重点
贵州	(1) 实施大数据战略行动，积极发展大数据核心业态、关联业态和衍生业态； (2) 实施智能制造试点示范项目； (3) 建设一批新型材料产业基地； (4) 促进航空航天、智能终端、高端数控机床等装备制造业； (5) 发展文化创意产业，建设一批特色文化产业基地。
云南	(1) 培育现代生物、新能源、新材料等重点产业； (2) 培育云计算、大数据、物联网、移动互联网应用产业； (3) 重点发展数字技术、智能制造等新一代信息技术产业、电子信息产品制造业和信息服务产业； (4) 培育生态文化、养生休闲、大健康等服务业。
黑龙江	(1) 推动钛合金、3D 打印等产业发展； (2) 大力发展旅游业，培育冰雪体育产业； (3) 鼓励和引导社会力量投资养老健康产业； (4) 积极发展文化产业； (5) 推动信息服务产业发展，建立大数据中心。
广西	(1) 拉长糖业产业链； (2) 推动铝产业集群发展； (3) 加快移动互联网、云计算、大数据等信息技术发展； (4) 重点发展新一代信息技术、北斗导航、地理信息、智能装备制造等新兴产业。
新疆	(1) 把文化产业建成国民经济支柱性产业，加快培育新型文化业态； (2) 打造能源化工材料产业基地； (3) 石油石化、煤炭等产业链向中下游延伸； (4) 发展新能源、新材料、先进装备制造等战略性新兴产业； (5) 发展集生态农业、医疗保健、体育健身、休闲旅游、养老服务为一体的健康产业。
内蒙古	(1) 加快煤炭深加工、精细化工、有色深加工等重点项目建设； (2) 促进现代煤化工向下游延伸、有色金属生产加工和装备制造向高端发展、农畜产品向终端拓展； (3) 大力推进协同制造、智能制造，做大装备制造业； (4) 拓展锂电池、永磁材料产业链，努力做大电动汽车产业； (5) 大力发展文化产业，用好文化产业发展基金。

续　表

省市区	未来产业发展重点
吉林	（1）发展无人机产业，无人机产业产值增长 50%以上； （2）加快推进云计算、大数据、空间地理信息集成等项目； （3）战略性新兴产业深入实施 9 大行动计划，培育发展新材料、新一代信息技术、生物医药等新兴产业。
甘肃	（1）培育壮大战略性新兴产业，推动大数据、新材料、生物制药及中藏药等产业发展； （2）发展现代服务业，包括文化产业、健康养老产业、文化旅游产业等。
宁夏	（1）瞄准新材料、智能制造、生物制药等中高端产业； （2）抓好 3D 打印、数控机床、高端轴承、碳基材料等项目； （3）光伏发电装备、风机制造等上下游产业协同发展； （4）培育信息产业，支持软件、游戏等产业发展，引进智能终端、可佩戴设备等信息装备企业； （5）培育壮大创意、动漫、影视等文化产业。
海南	（1）发展新兴产业，培育壮大软件业、电商业、服务外包等产业，建立和运用大数据、云计算，提高互联网产业规模化水平； （2）扶持发展海洋运输、海洋装备制造、海洋生物医药等海洋新兴产业，促进临港产业加速发展； （3）12 个重点产业：旅游产业，热带特色高效农业，互联网产业，医疗健康产业，金融保险业，会展业，现代物流业，油气产业，医药产业，低碳制造业，房地产业，高新技术、教育、文化体育产业。
青海	（1）改造提升盐湖化工、有色冶金等传统产业，延伸补强下游精深加工产业链； （2）发展轻工纺织、饮用水、中藏药加工、民族用品等消费品工业； （3）发展生态环境最具"亲和力"的旅游产业。
西藏	（1）大力发展特色优势产业； （2）加快旅游产业大发展； （3）加快发展唐卡、藏毯、演艺等特色文化产业，推动国家级文化产业示范区、藏羌彝文化产业走廊建设； （4）加快发展保健食饮品、休闲健身、康复疗养等健康产业。

资料来源：根据相关资料整理。

第二章

2023 年建筑行业市场规模及细分市场发展现状

[摘要] 本章根据建设通中标数据，从中标项目数量、金额、领域、区域、项目模式等方面来分析当前市场现状，从一般债、专项债分析各区域金融支持力度。

2.1 2023 年全国公投市场概况

2023 年全国 5000 万元及以上项目中标金额 157447.99 亿元，项目数量为 48461 个。其中山东省中标金额 14619.67 亿元，排名第一；广东省中标金额 13435.86 亿元，排名第二，详见表 2-1。

表 2-1 5000 万元及以上项目区域分析

排名	地区	中标金额（亿元）	中标数量（个）
—	全国	157447.99	48461
1	山东	14619.67	3802
2	广东	13435.86	4133
3	浙江	11060.33	3439
4	湖北	10953.19	2409
5	河南	9598.14	2487
6	江苏	9573.52	3229
7	四川	8794.88	2876
8	安徽	7450.12	2311
9	云南	7287.23	1634
10	陕西	5923.68	1750
11	河北	5306.77	1729
12	上海	5071.91	1582
13	广西	4188.97	1193
14	江西	4096.33	1615
15	湖南	3621.69	1303
16	福建	3524.42	1060
17	新疆	3496.07	1517
18	山西	3359.24	1366
19	辽宁	3213.44	801

续　表

排名	地区	中标金额（亿元）	中标数量（个）
20	贵州	3210.43	1282
21	重庆	3111.40	750
22	内蒙古	2717.75	1091
23	甘肃	2423.76	937
24	北京	2212.34	945
25	吉林	1874.74	674
26	海南	1779.31	552
27	天津	1436.16	514
28	黑龙江	1155.22	505
29	青海	778.99	240
30	西藏	682.31	321
31	宁夏	404.73	205

2023年全国5000万元及以上公投市场项目领域分布中，房建与公路工程在公投市场占主体地位。其中房建市场占比最高，为45.22%，中标金额71200.99亿元，其次是公路领域占比12.40%，中标金额19529.31亿元，详见图2-1、表2-2。

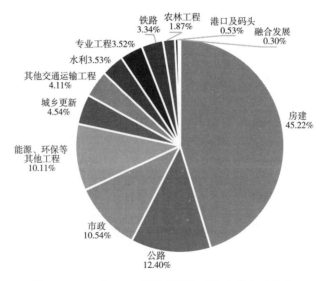

图2-1　2023年5000万元及以上公投市场领域分布

表 2-2　5000 万元及以上项目领域分析

领　　域	中标金额（亿元）	占比（%）	数量（个）
房建	71200.99	45.22	21095
公路	19529.31	12.40	3070
市政	16598.62	10.54	8156
能源、环保等其他工程	15911.06	10.11	5211
城乡更新	7140.60	4.54	2022
其他交通运输工程	6476.10	4.11	1188
水利	5553.12	3.53	2086
专业工程	5535.72	3.52	3442
铁路	5259.48	3.34	584
农林工程	2937.50	1.87	1244
港口及码头	838.39	0.53	233
融合发展	467.12	0.30	130

2.2　2023 年公投市场各细分领域分析

2.2.1　2023 年房屋建筑工程行业特点及市场竞争

2.2.1.1　发展现状

2023 年全国 5000 万元及以上公投市场房屋建筑工程行业中标总额为 71200.99 亿元；在房屋建筑工程各领域中占据主导地位的是公建项目，占比 60.71%，中标金额 43226.99 亿元。

在房屋建筑工程前十的细分领域下，办公楼中标金额 28271.69 亿元，占比最高，为 42.25%；其次是科教文卫中标金额 14248.29 亿元，占比 21.29%；商用住宅中标金额 11182.46 亿元，占比 16.71%；保障性住房中标金额 7710.32 亿元，占比 11.52%，详见图 2-2、表 2-3。

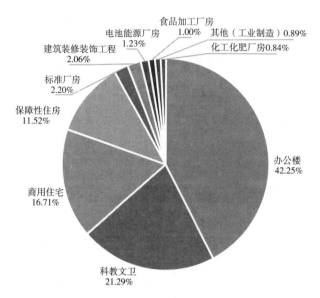

图 2-2　2023 年 5000 万元及以上房屋建筑工程行业领域特点

表 2-3　5000 万元及以上项目房屋建筑工程细分领域（前十）

序号	细分领域	中标金额（亿元）	占比（%）	数量（个）
1	办公楼	28271.69	42.25	6062
2	科教文卫	14248.29	21.29	5776
3	商用住宅	11182.46	16.71	2706
4	保障性住房	7710.32	11.52	2078
5	标准厂房	1475.20	2.20	479
6	建筑装修装饰工程	1379.05	2.06	1370
7	电池能源厂房	820.70	1.23	163
8	食品加工厂房	666.51	1.00	216
9	其他（工业制造）	595.69	0.89	160
10	化工化肥厂房	563.61	0.84	121

2.2.1.2　主要企业

2023 年全国 5000 万元及以上公投市场房屋建筑工程行业排名前 20 家企业均为国央企，平均中标金额 1027.82 亿元，平均中标数量 229 个；房屋建筑工程行业头部企业中无民企身影，详见表2-4。

表 2-4 5000 万元及以上项目房屋建筑工程行业主要施工企业

序号	企业名称	中标金额（亿元）*	中标数量（个）
1	中国建筑第八工程局有限公司	2833.93	626
2	中国建筑第三工程局有限公司	2538.60	508
3	上海建工控股集团有限公司	1580.20	349
4	陕西建工控股集团有限公司	1239.88	308
5	中国建筑第五工程局有限公司	1122.96	323
6	中国建筑第二工程局有限公司	1102.72	256
7	中国建筑一局（集团）有限公司	971.05	243
8	中国五冶集团有限公司	901.05	158
9	中国建筑第四工程局有限公司	886.59	213
10	中交一公局集团有限公司	853.96	137
11	中铁十五局集团有限公司	800.07	83
12	中铁建工集团有限公司	779.64	195
13	中国建筑第七工程局有限公司	776.67	209
14	山西建设投资集团有限公司	765.00	296
15	中国建筑第六工程局有限公司	761.18	146
16	中铁四局集团有限公司	596.00	144
17	中铁十一局集团有限公司	586.29	107
18	中铁一局集团有限公司	494.49	102
19	中国二十二冶集团有限公司	487.98	50
20	北京建工集团有限责任公司	478.09	120

注：* 施工企业中标金额根据单招与联合体（平均）项目计算。

2.2.2 2023 年市政工程行业特点及市场竞争

2.2.2.1 发展现状

2023 年全国 5000 万元及以上公投市场市政工程行业中标总额为 16598.62 亿元。在市政工程细分领域中占据主导地位的是市政道路，占比 45.97%，中标金额 7128.24 亿元，其次为污水处理工程，占比 14.95%，中标金额 2318.63 亿元，详见图 2-3、表 2-5。

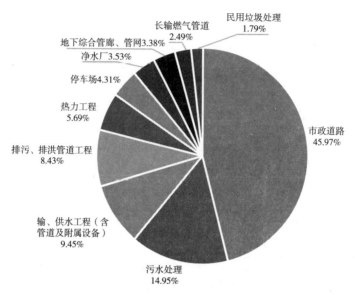

图 2-3　2023 年 5000 万元及以上市政工程行业领域特点

表 2-5　5000 万元及以上项目市政工程细分领域（前十）

序号	细分领域	中标金额（亿元）	占比（%）	数量（个）
1	市政道路	7128.24	45.97	3568
2	污水处理	2318.63	14.95	1169
3	输、供水工程（含管道及附属设备）	1465.75	9.45	703
4	排污、排洪管道工程	1306.68	8.43	643
5	热力工程	882.94	5.69	423
6	停车场	667.79	4.31	383
7	净水厂	547.36	3.53	241
8	地下综合管廊、管网	524.04	3.38	215
9	长输燃气管道	385.76	2.49	201
10	民用垃圾处理	277.89	1.79	114

2.2.2.2 主要企业

2023年全国5000万元及以上公投市场市政工程行业排名前20家企业均为国央企，平均中标金额384.17亿元，平均中标数量135个；市政工程行业头部企业中无民企身影，详见表2-6。

表2-6 5000万元及以上项目市政工程行业主要施工企业

序号	企业名称	中标金额（亿元）*	中标数量（个）
1	上海城建（集团）有限公司	421.45	94
2	中铁四局集团有限公司	249.75	91
3	中国建筑第八工程局有限公司	239.44	93
4	上海建工控股集团有限公司	231.65	158
5	中国建筑第三工程局有限公司	231.49	97
6	中铁十八局集团有限公司	229.63	27
7	中国建筑第五工程局有限公司	198.61	75
8	云南省建设投资控股集团有限公司	194.29	102
9	广州市建筑集团有限公司	181.39	125
10	中铁一局集团有限公司	171.45	79
11	中交第二航务工程局有限公司	161.00	63
12	中国能源建设集团规划设计有限公司	140.80	30
13	中交一公局集团有限公司	135.53	72
14	广东省建筑工程集团控股有限公司	132.94	105
15	陕西建工控股集团有限公司	126.14	79
16	山西建设投资集团有限公司	125.35	99
17	中铁十四局集团有限公司	115.45	25
18	安徽建工集团控股有限公司	114.44	78
19	中国建筑第二工程局有限公司	106.24	46
20	北京建工集团有限责任公司	104.45	89

注：*施工企业中标金额根据单招与联合体（平均）项目计算。

2.2.3 2023年公路工程行业特点及市场竞争

2.2.3.1 发展现状

2023年全国5000万元及以上公投市场公路工程行业中标总额为19529.31亿元，项目数量共计3070个。

2.2.3.2 主要企业

2023 年全国 5000 万元及以上公投市场公路工程行业排名前 20 家企业均为国央企，平均中标金额 378.73 亿元，平均中标数量 36.75 个；公路工程行业头部企业中无民企身影，详见表 2-7。

表 2-7 5000 万元及以上项目公投市场公路工程主要施工企业

序号	企业名称	中标金额（亿元）*	中标数量（个）
1	湖北交投建设集团有限公司	704.94	19
2	中交一公局集团有限公司	704.89	93
3	浙江交工集团股份有限公司	580.29	92
4	中交第二公路工程局有限公司	563.08	53
5	中国建筑第三工程局有限公司	537.05	32
6	中交路桥建设有限公司	479.38	64
7	湖北楚天智能交通股份有限公司	417.00	1
8	安徽建工集团控股有限公司	357.16	45
9	湖北省路桥集团有限公司	346.59	20
10	中交第二航务工程局有限公司	323.36	50
11	四川公路桥梁建设集团有限公司	321.38	28
12	中铁十一局集团有限公司	288.84	39
13	中铁大桥局集团有限公司	283.01	20
14	中国铁建昆仑投资集团有限公司	274.24	7
15	山东省路桥集团有限公司	259.49	27
16	云南省建设投资控股集团有限公司	246.86	36
17	中铁四局集团有限公司	237.12	34
18	中国建筑第八工程局有限公司	227.10	33
19	中国铁建大桥工程局集团有限公司	217.23	25
20	中铁五局集团有限公司	205.53	17

注：＊施工企业中标金额根据单招与联合体（平均）项目计算。

2.2.4 2023 年水利水电工程行业特点及市场竞争

2.2.4.1 发展现状

2023 年全国水利建设投资和规模创历史新高，全年完成水利建设投资 11996 亿元，较 2022 年增长 10.1%。

2023 年全国 5000 万元及以上公投市场水利水电工程行业中标总额为 5328.08 亿元，同比增长 5.7%[1]；在水利水电工程细分领域中占据主导地位的是水环境/生态治理，占比 21.71%，中标金额 1156.73 亿元，其次是水电工程，占比 16.63%，中标金额 886.01 亿元，详见图 2-4、表 2-8。

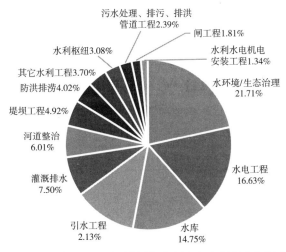

图 2-4　2023 年 5000 万元及以上水利水电工程细分领域分布

表 2-8　5000 万元及以上项目水利工程细分领域（前十）

序号	细分领域	中标金额（亿元）	同比（%）	占比（%）	数量（个）
1	水环境/生态治理	1156.73	-4.82	21.71	853
2	水电工程	886.01	55.73	16.63	180
3	水库	785.94	34.01	14.75	392
4	引水工程	646.14	31.29	12.13	200
5	灌溉排水	399.53	-13.78	7.50	354
6	河道整治	320.47	-20.41	6.01	266
7	堤坝工程	262.31	-4.93	4.92	210
8	防洪排涝	214.41	-38.17	4.02	170
9	其他水利工程	197.15	-37.01	3.70	158
10	水利枢纽	164.02	79.84	3.08	20

---

[1]　此处与国家水利投资额有较大差距是因为建设通水利分类不包含水务相关项目，水务项目建设通归为市政工程。

2.2.4.2 主要企业

2023 年全国 5000 万元及以上公投市场水利水电工程行业排名前 20 家企业均为国企，平均中标金额 88.16 亿元，平均中标数量 17.80 个；水利水电工程行业头部企业中无民企身影，详见表 2-9。

表 2-9 5000 万元及以上项目公投市场水利水电工程主要施工企业

序号	企业名称	中标金额（亿元）*	同比（%）	中标数量（个）
1	中国葛洲坝集团股份有限公司	165.75	346.86	13
2	中国水利水电第七工程局有限公司	163.57	93.77	19
3	广东省建筑工程集团控股有限公司	136.54	-17.63	59
4	中国水利水电第十一工程局有限公司	114.49	31.66	21
5	中国水利水电第十四工程局有限公司	109.56	37.91	25
6	中国水利水电第三工程局有限公司	93.15	134.33	16
7	中铁十七局集团有限公司	90.78	2926.02	6
8	四川港航建设工程有限公司	89.94	1625.01	2
9	中铁十八局集团有限公司	85.73	242.96	13
10	中国长江电力股份有限公司	81.00	—	1
11	中国电建集团中南勘测设计研究院有限公司	80.71	336.12	23
12	中交疏浚（集团）股份有限公司	72.39	44.17	29
13	云南省建设投资控股集团有限公司	72.17	-2.44	32
14	中国水利水电第六工程局有限公司	70.81	-24.21	16
15	中国水利水电第五工程局有限公司	67.31	64.09	15
16	中铁十一局集团有限公司	57.37	499.37	18
17	中国水利水电第四工程局有限公司	56.91	60.02	15
18	中交第二航务工程局有限公司	54.77	274.71	15
19	中国水利水电第八工程局有限公司	52.82	-28.73	11
20	中国水利水电第十二工程局有限公司	47.46	87.19	7

注：* 施工企业中标金额根据单招与联合体（平均）项目计算。

2.3 2023 年公投市场项目模式分析

2.3.1 2023 年 EPC 项目模式分析

2023 年全国 5000 万元及以上 EPC（设计-采购-施工总承包模式）项目 17017 个，中标金额 65547.78 亿元；其中山东省 EPC 项目金额和中标数量都是最高，中标金额为 7490.38 亿元，项目数量 1483 个；其次是河南省 EPC 项目，数量 923 个，中标金额 5511.12 亿元。平均规模最高的是辽宁省，中标金额为 2349.07 亿元，项目数量 303 个，项目平均金额为 7.75 亿元，详见图 2-5。

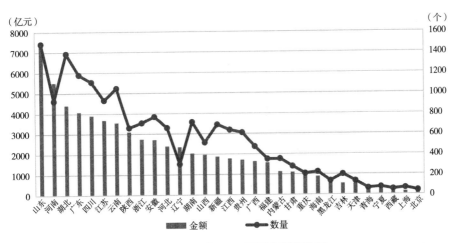

图 2-5 2023 年 EPC 项目金额及数量

2.3.2 2023 年投融资类（PPP、EPC、特许经营等）项目分析

2023 年全国 5000 万元及以上投融资类项目数量共计 1109 个，其中 PPP（公私合作）项目有 216 个，金额 2158.20 亿元；EPC 项目数量 324 个，中标金额共计 4126.26 亿元；特许经营项目有 274 个，项目金额 7956.29 亿元，详见表 2-10。

表 2-10 2023 年投融资类项目数据

投资项目模式	金额（亿元）	数量（个）
特许经营	7956.29	274
EPC	4126.26	324
投资+施工总承包	4120.69	186
其他投资类	2768.19	86
PPP	2158.20	216
EOD[①]	725.05	23

注：①生态环境导向的开发模式。

2.4 2023 年公投市场金融支持

2.4.1 2023 年专项债分析

2023 年全国债券总发行额 95447.36 亿元，其中专项债 61153.58 亿元，新增专项债 40553.01 亿元，一般债 34293.78 亿元。其中广东省专项债发行额度最高，为 5666.26 亿元，新增 4613.00 亿元，山东省位居专项债发行额第二位，共计发行 5150.94 亿元，详见表 2-11。

表 2-11 2023 年各省（市、自治区）债券发行情况

排名	地区	专项债发行总额（亿元）	专项债新增发行额（亿元）
1	广东	5666.26	4613.00
2	山东	5150.94	3751.60
3	河南	3732.56	2922.45
4	安徽	3425.60	1741.00
5	浙江	3383.25	2654.00
6	江苏	3233.35	1823.00
7	四川	3051.25	2190.00
8	河北	2914.64	2082.00
9	湖南	2900.97	1410.00
10	天津	2447.27	953.92
11	湖北	2267.67	1645.00

排名	地区	专项债发行总额（亿元）	专项债新增发行额（亿元）
12	重庆	2173.89	1355.00
13	福建	2171.40	1618.00
14	江西	2093.90	1551.00
15	广西	1787.37	983.80
16	云南	1638.48	1009.00
17	贵州	1543.53	396.88
18	辽宁	1411.68	806.00
19	陕西	1344.00	895.00
20	北京	1338.87	949.00
21	吉林	1244.63	631.00
22	新疆	1233.81	1109.00
23	黑龙江	986.52	596.00
24	甘肃	975.02	713.00
25	内蒙古	735.49	469.00
26	山西	726.15	603.00
27	海南	681.24	505.00
28	上海	598.40	400.00
29	青海	110.09	47.00
30	宁夏	109.65	60.00
31	西藏	75.69	70.36

2023 年全国专项债发行项目个数为 28413 个，累计发行额总计为 62708.54 亿元。从项目数量上来看，河南省专项债项目最多，超过 3000 个，从项目累计发行额来看，广东省发行金额最多，累计发行 8712.73 亿元，其次是山东省，项目累计发行 5506.62 亿元，详见图 2-6。

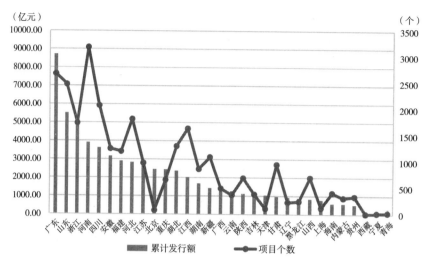

图 2-6 2023 年各省份专项债项目发行情况

2023 年专项债发行领域中，市政和产业园区基础设施发行额最高，为 22622.35 亿元，其次是交通基础设施 11174.50 亿元、社会事业 9754.65 亿元、保障性安居工程 8489.01 亿元、农林水利 4026.04 亿元等，详见图 2-7。

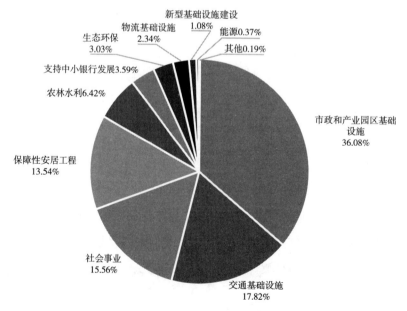

图 2-7 2023 年专项债发行项目主要领域

2.4.2　2023 年一般债分析

2023 年一般债发行 34293.78 亿元，其中新增一般债 7252.66 亿元。贵州省一般债发行额度最高，为 2584.81 亿元，新增 145.26 亿元，详见表 2-12。

表 2-12　2023 年各省（市、自治区）一般债发行情况

排名	地区	一般债发行总额（亿元）	一般债新增发行额（亿元）
1	贵州	2584.81	145.26
2	湖南	2263.73	436.52
3	内蒙古	2248.49	257.07
4	辽宁	2127.61	96.60
5	云南	2063.90	194.88
6	河北	1524.23	528.00
7	广西	1419.88	261.39
8	四川	1417.21	375.38
9	山东	1372.45	208.72
10	江苏	1346.50	214.00
11	广东	1205.07	331.66
12	浙江	1164.95	286.00
13	天津	1164.86	252.91
14	吉林	1161.91	204.80
15	河南	1157.89	331.34
16	安徽	1157.74	121.71
17	黑龙江	1116.26	325.00
18	陕西	904.82	269.22
19	湖北	888.38	374.81
20	重庆	825.67	113.20
21	福建	667.59	138.49
22	新疆	656.38	355.92
23	江西	650.51	256.08
24	甘肃	644.61	173.78
25	山西	542.90	220.31

排名	地区	一般债发行总额（亿元）	一般债新增发行额（亿元）
26	上海	521.20	217.00
27	青海	459.69	161.79
28	北京	373.65	168.00
29	宁夏	353.27	77.07
30	海南	247.63	105.74
31	西藏	60.00	50.00

第三章

建筑行业市场环境

[**摘要**] 本章从建筑招投标市场民企市场活跃指数、市场开放指数、市场竞争指数、市场集中指数、市场信用信息、招投标市场评标办法、信用分规则等方面详细展示各地区的建筑业市场环境。

3.1 地区综合营商环境分析

营商环境是企业发展的土壤。它包含了企业从开办、运营到注销整个周期中的各种外部环境，是一项涉及经济社会改革和对外开放众多领域的系统工程，直接影响一个地区的经济繁荣程度，对中小企业影响尤其重大，最终反映在经济增长、财税收入、社会就业等各个方面。好的营商环境具有便利性、公平性、透明度、法治化、国际化等特征。

我国的营商环境优化是从 2015 年 5 月 12 日国务院召开全国推进简政放权放管结合职能转变工作电视电话会议，正式提出"放管服"改革开始的，经过多年的改革推进，目前效果显著。徐现祥教授的《中国营商环境调查报告（2022）》一书显示，2018—2021 年间，我国企业开办更便利，登记注册平均耗时从 7 天减少至 5.6 天，实现"一天注册"的市场主体从 20% 增加至 29%。信用监管更显成效，2018—2021 年，被上门检查的市场主体比例从 79% 下降到 66%，2021 年使用国家企业信用信息公示系统的市场主体比例达 68%。

近期，北京大学光华管理学院张志学教授与武汉大学经济与管理学院张三保副教授等合作完成的《中国城市营商环境研究报告 2023》正式出炉。该报告评估了 2019—2021 年中国内地 296 个地级及以上城市的营商环境。2019—2021 年间，各城市营商环境得分总体向好：2019 年为 36.83，疫情暴发的 2020 年略微下降到 36.33，2021 年上升为 36.90。其中，深圳市、广州市、上海市和北京市为内地营商环境标杆城市，得分遥遥领先。

另外，根据全国工商联发布的 2023 年度万家民营企业评营商环境主要调查结论，营商环境得分位列前十的省份（按行政区划排序）为：北京、上海、江苏、浙江、安徽、福建、山东、湖北、湖南、广东。位列前十的省会及副省级城市（按行政区划排序）为：南京、杭州、宁波、合肥、青岛、武汉、长沙、广州、深圳、成都，详见表 3-1。

表 3-1　2023 年营商环境前十大省、市名单

序号	省（含直辖市）	序号	城市
1	北京	1	南京
2	上海	2	杭州
3	江苏	3	宁波
4	浙江	4	合肥
5	安徽	5	青岛
6	福建	6	武汉
7	山东	7	长沙
8	湖北	8	广州
9	湖南	9	深圳
10	广东	10	成都

来源：全国工商联《2023 年度万家民营企业评营商环境主要调查结论》。

3.2　地区建筑市场风险指数分析

3.2.1　各省份建筑市场风险指数分析

从各省份来看，2023 年建筑市场风险指数排前十的省份分别为：贵州、天津、青海、吉林、广西、海南、云南、黑龙江、湖南和四川。上述省份多数政府债务率或工程不良率偏高，说明在这些省份从事建筑工程业务的风险高。市场风险指数排名末五位的地区分别为：陕西、山西、广东、江苏、浙江，在这些省份从事建筑工程业务的风险相对较低，详见图 3-1。

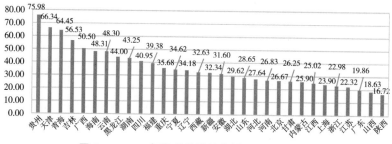

图 3-1　2023 年各省份建筑市场风险指数对比

注：建筑市场环境风险指数是用来度量会显著影响建筑工程企业经营和绩效，导致其遭受损失

的政策、法律、社会及经济等环境风险因素总和的量化指标，风险指数越高说明在该城市从事建筑工程业务的风险越高。主要从政府偿债能力、政商关系情况、工程不良情况三个方面综合评估。

3.2.2 重点城市建筑市场风险指数分析

从重点城市来看，2023 年建筑市场风险指数排前十的地区分别为：贵阳、哈尔滨、福州、成都、昆明、海口、长春、大连、兰州、厦门。市场风险指数排名末五位的城市分别为：深圳、杭州、南京、长沙和太原。其中贵阳建筑市场风险指数最高，为 54.38，深圳市场风险指数最低，为6.13，详见图 3-2。

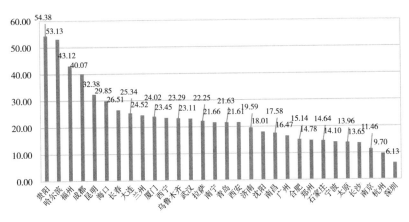

图 3-2 2023 年重点城市建筑市场风险指数对比

3.3 地区招投标民企市场活跃指数分析

3.3.1 全国建筑施工民企市场活跃指数分析

近五年，全国建筑施工民企市场活跃指数呈下降趋势，2023 年施工民企的市场活跃指数为 7.21%，比上年减少 1.08 个百分点，说明施工民企的市场份额依旧在被挤压，详见图 3-3。

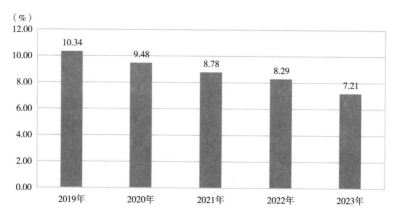

图 3-3　近五年全国建筑施工民企市场活跃指数变化

注：民企市场活跃指数是指民营建筑业企业区域中标量占比（民企数量会做各资质等级的筛选，取样），用来衡量该地区建筑施工民企的市场活力和民企的大致市场份额情况。

3.3.2　各省份建筑施工民企市场活跃指数分析

从各省份来看，建筑施工民企市场活跃指数排前十的地区分别为：宁夏、浙江、湖南、吉林、河南、江苏、广西、湖北、安徽、广东。宁夏的施工民企市场活跃指数最高，为 8.05%，内蒙古施工民企市场活跃指数最低，为 2.34%，次低的是黑龙江省，为 2.43%。说明内蒙古、黑龙江的施工民企拥有市场份额相对较少，详见图 3-4。根据指数间关系发现，整体而言开放指数较高的地区，民企市场活跃指数则偏低。

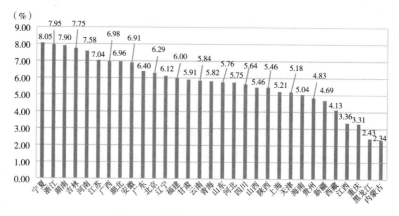

图 3-4　各省份建筑民企活跃指数

3.3.3　重点城市建筑施工民企市场活跃指数分析

从重点城市来看，2023 年建筑市场民企活跃指数排前十的地区分别为：广州、南京、长沙、石家庄、杭州、长春、南昌、宁波、青岛和成都。民企活跃指数排名末五位的城市分别为：哈尔滨、呼和浩特、西安、拉萨和贵阳。其中广州市民企活跃最高，为 7.46%，哈尔滨市民企活跃最低，为 2.91%，详见图 3-5。

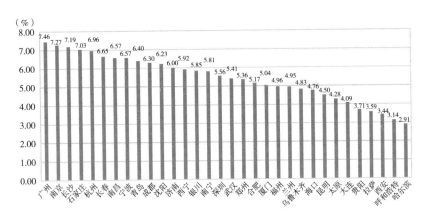

图 3-5　重点城市民企活跃指数

3.4　地区招投标市场竞争指数分析

3.4.1　全国招投标市场竞争指数分析

近五年，全国建筑招投标市场竞争指数先升后降，整体来说相比 5 年前有所提升，说明市场竞争越来越激烈，尤其在 2021 年达到高峰，建筑市场的竞争程度陡然加剧。2023 年全国市场竞争指数为 21.86%，比上年小幅下降 0.7 个百分点，详见图 3-6。

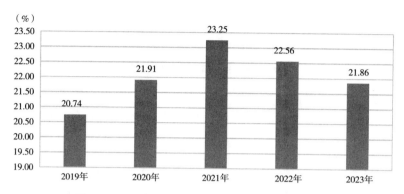

图 3-6 近五年全国建筑招投标市场竞争指数变化

注：市场竞争指数是指建筑施工企业在某区域公投市场开展投标经营活动的竞争激烈程度。

3.4.2 各省份招投标市场竞争指数分析

从各省份来看，2023 年建筑招投标市场竞争指数排前十的地区分别为：西藏、海南、贵州、陕西、新疆、内蒙古、天津、山东、河北和北京。说明这些地区市场"僧多粥少"较为严重，竞争比较激烈。市场竞争指数排名末五位的地区分别为：广东、重庆、浙江、上海和湖南。或许与这些地区经济发达、工程施工市场成熟度和项目数量较高有关，市场供需程度比较均衡，详见图 3-7。

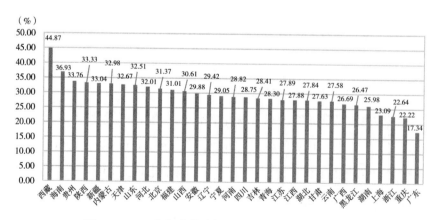

图 3-7 2023 年各省份建筑招投标市场竞争指数对比

3.4.3 主要城市招投标市场竞争指数分析

从重点城市来看，2023年建筑招投标市场竞争指数排前十的地区分别为：拉萨、海口、福州、厦门、西安、郑州、贵阳、乌鲁木齐、昆明和太原。市场竞争指数排名末五位的城市分别为：广州、宁波、深圳、杭州和青岛。其中拉萨市场竞争指数最高，为59.80%，广州市场竞争指数最低，为26.57%，详见图3-8。

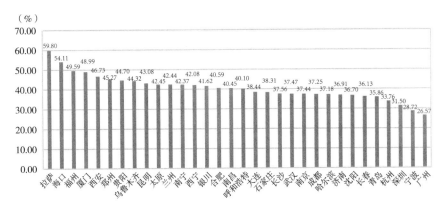

图 3-8 2023年重点城市建筑招投标市场竞争指数对比

3.5 地区招投标市场开放指数分析

3.5.1 全国建筑招投标市场开放指数分析

近五年，全国建筑招投标市场开放指数呈增强走势。2023年全国市场开放指数为20.14%，比上年提升0.29个百分点。全国市场开放情况在缓慢提升，开放指数依然保持在较高的水平，超过了20%，详见图3-9。随着政策推动，预计建筑市场将会趋向开放，2023年11月8日，国家发展改革委发文：不得以信用评价、信用评分等方式变相设立招标投标壁垒。

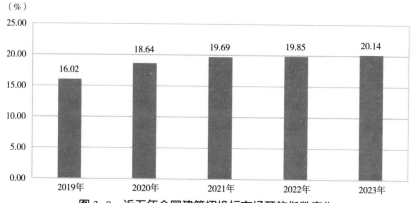

图 3-9 近五年全国建筑招投标市场开放指数变化

注：市场开放指数是指外地建筑施工企业中标数量占该区域全部中标数量的比例，代表某区域市场对外来企业的放开程度，开放指数低基本意味着本地保护较严重。

3.5.2 各省份建筑招投标市场开放指数分析

从各省份来看，2023 年建筑招投标市场开放指数排前十的地区分别为：西藏、海南、江西、内蒙古、重庆、青海、河北、贵州、山西和新疆。市场开放指数排名末五位的地区分别为：江苏、浙江、陕西、山东和上海。西藏开放指数最高，为 55.08%，江苏开放指数最低，为 9.57%，详见图 3-10。根据分析，市场开放指数高的区域多集中在经济欠发达的中西部省份，由于城市体量小或地域偏远地区工程数量本身偏少，难以孕育出实力强的本地施工企业，多数项目被外地企业中标。

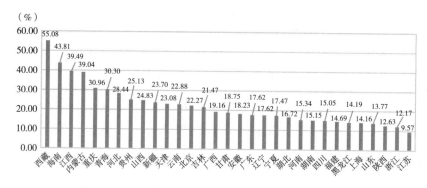

图 3-10 2023 年各省份建筑招投标市场开放指数对比

3.5.3 主要城市建筑招投标市场开放指数分析

从各城市来看，2023 年建筑招投标市场开放指数排前十的地区分别为：拉萨、海口、呼和浩特、南昌、郑州、兰州、西宁、贵阳、南宁和乌鲁木齐。市场开放指数排名末五位的城市分别为：成都、武汉、青岛、深圳和宁波。其中拉萨开放指数最高，为 60.27%，成都开放指数最低，为 20.85%，详见图 3-11。

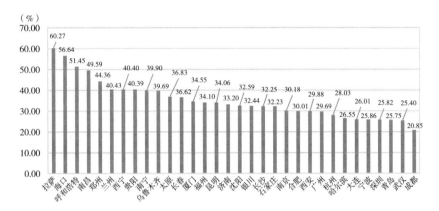

图 3-11　2023 年主要城市建筑招投标市场开放指数对比

3.6　地区招投标市场集中指数分析

3.6.1　全国招投标市场集中指数分析

自 2019 年全国建筑招投标市场集中指数大幅上升后，近五年集中指数有所回落。2023 年全国市场集中指数为 11.38%，比上年增加了 0.08 个百分点，整体来说与上一年水平相当，详见图 3-12。说明 2023 年建筑施工头部企业（中标额在前 20 名的企业）的市场份额相较于 2022 年变化不大。

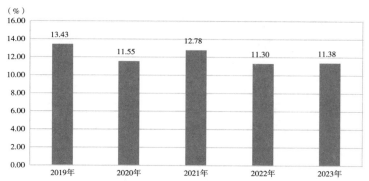

图 3-12 近五年全国建筑招投标市场集中指数（CR20）变化

注：市场集中指数是指该地区排名前 20 名的建筑施工企业在该区域占有的市场份额总和。通过前 20 的企业占据的该市场份额比重，来判断市场是处于较高垄断还是较为分散。

3.6.2 各省份招投标市场集中指数分析

从各省份来看，2023 年建筑招投标市场集中指数排前十的地区分别为：上海、北京、黑龙江、西藏、山西、辽宁、青海、陕西、宁夏、天津。市场集中指数排名末五位的地区分别为：浙江、江西、江苏、山东、河南。

上海市场集中指数最高，达到 81.35%，说明上海市场 5000 万元以上市场基本被排名前 20 的企业所包揽。浙江市场集中指数最低，为 27.70%。31 个省（市、自治区）中，有 12 个地区市场集中指数超过 50%，有 25 个地区市场集中指数超过 40%，说明大部分省份前 20 企业的市场份额比较高，详见图 3-13。

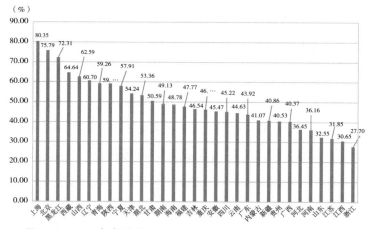

图 3-13 2023 年各省份建筑招投标市场集中指数（CR20）对比

注：省、市集中指数数据按 5000 万元以上的项目数据计算。

3.6.3 主要城市招投标市场集中指数分析

从各城市来看，2023 年建筑招投标市场集中指数排前十的地区分别为：西宁、大连、海口、沈阳、兰州、长沙、武汉、哈尔滨、太原、福州。市场集中指数排名末五位的城市分别为：杭州、深圳、宁波、青岛、长春。其中西宁市场集中指数最高，达到 78.60%，说明西宁市场基本被业绩前 20 家企业包揽。杭州市场集中指数最低，为 36.04%。32 个重点城市中，市场集中指数超过 50% 的城市有 30 个，仅有深圳和杭州在 50% 以下，详见图 3-14。

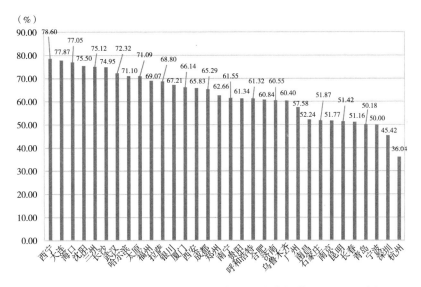

图 3-14　2023 年重点城市建筑招投标市场集中指数（CR20）对比

3.7　地区招投标市场信用信息分析

3.7.1　全国工程荣誉数量统计情况

2023 年全国共颁发工程荣誉奖 97974 项，其中国家级工程荣誉 43067 项，占全部工程荣誉奖项数的 43.96%，省级工程荣誉 46491 项，占比

47.45%，详见图 3-15、图 3-16。

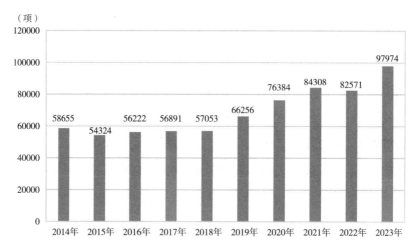

图 3-15　2014—2023 年全国工程荣誉奖项数

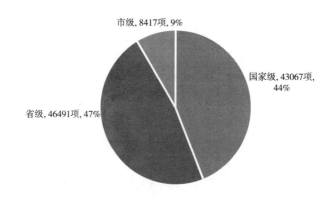

图 3-16　2023 年全国工程荣誉各等级分布

3.7.2　工程荣誉获奖企业地区分布情况

超三成获国家级工程荣誉奖的建筑企业分布在北京、江苏、广东三省市。建设通荣誉数据库数据显示，2023 年全国共颁发 43067 项国家级工程荣誉，共有 11914 家企业参与相关获奖项目。2023 年获国家级荣誉的企业数量排名前三的地区分别是：北京、广东和江苏，其获奖企业分别有 1666 家、1138 家和 995 家；排名后三位的地区是：海南、宁夏和西藏，其获奖企业分别为 20 家、17 家和 13 家，详见图 3-17。平均到每个地区的荣誉企业为 384 家，全国 12 个地区高于此数值。

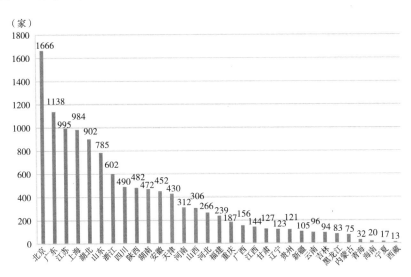

图 3-17　2023 年国家级工程荣誉获奖企业地区分布情况

建设通荣誉数据库数据显示，2023 年全国共有 46491 项工程获省级工程荣誉。全国 31 个地区中，江苏省是唯一一个获省级工程荣誉企业均超过 5000 家的省份，另外湖南、广东、北京、山东和河南五省（市）的企业数量在 3000~5000 家；而甘肃、青海和西藏的获奖企业数最少，分别为 67 家、17 家和 10 家，详见图 3-18。平均到每个地区的获奖企业为 1544 家，全国 10 个地区高于此数值。

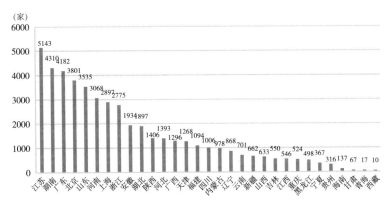

图 3-18　2023 年省级工程荣誉获奖企业地区分布情况

3.7.3 近三年十大国家级、省级工程奖项类型分布

建设通荣誉数据显示，在 2021—2023 年期间，国家级工程荣誉数量最多的奖项是全国（中国）建筑工程装饰奖，达到 4810 个，其次是勘察设计奖，共 4808 项。此外，超过 500 项的奖项还有国家优质工程奖、中国安装工程优质奖、鲁班奖和中国建筑工程钢结构金奖。其余排名前十的奖项，则分布在园林、装饰和铁路等不同专业领域，详见图 3-19。

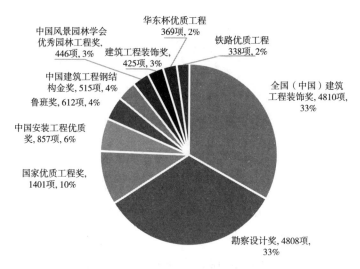

图 3-19 近三年十大国家级工程荣誉奖项分布

建设通荣誉数据显示，近三年（2021—2023 年），省级荣誉主要集中在勘察设计、优质结构工程、安全生产标准化优良工地等类型中。其中，勘察设计奖数量最多，达到 14939 项；前十奖项类型中，工程类奖项共 22168 项，工地类奖项共 22576 项，详见图 3-20。

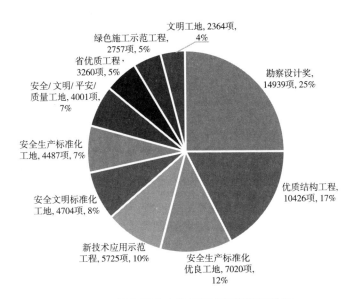

图 3-20　近三年十大省级工程荣誉奖项分布

3.7.4　2023 年获得国家级、省级工程荣誉企业排行榜

详见表 3-2、表 3-3。

表 3-2　2023 年获得国家级工程荣誉企业排行榜

排名	企业名称	国家级荣誉数
1	中国建筑第八工程局有限公司	392
2	中铁第四勘察设计院集团有限公司	278
3	中建三局集团有限公司	241
4	中国建筑第二工程局有限公司	220
5	中国铁路设计集团有限公司	178
6	中铁二院工程集团有限责任公司	159
7	中国建筑第四工程局有限公司	140
8	中国建筑第五工程局有限公司	133
9	上海市政工程设计研究总院（集团）有限公司	133
10	中铁第一勘察设计院集团有限公司	122
11	中国建筑一局（集团）有限公司	118
12	苏州金螳螂建筑装饰股份有限公司	117
13	北京市建筑设计研究院股份有限公司	116
14	同济大学建筑设计研究院（集团）有限公司	114

排名	企业名称	国家级荣誉数
15	中铁建工集团有限公司	106
16	中建八局第二建设有限公司	103
17	中国电建集团华东勘测设计研究院有限公司	101
18	中国建筑设计研究院有限公司	97
19	中铁四局集团有限公司	97
20	中建安装集团有限公司	96
21	上海市建筑装饰工程集团有限公司	83
22	中交第二航务工程局有限公司	82
23	中铁十一局集团有限公司	82
24	中国建筑西南设计研究院有限公司	81
25	中建三局第一建设工程有限责任公司	77
26	中铁大桥局集团有限公司	77
27	中建八局装饰工程有限公司	74
28	中建八局第一建设有限公司	74
29	中铁十四局集团有限公司	74
30	中铁工程设计咨询集团有限公司	73
31	中建深圳装饰有限公司	71
32	中铁一局集团有限公司	70
33	华东建筑设计研究院有限公司	69
34	上海宝冶集团有限公司	68
35	中建八局第三建设有限公司	66
36	中国二十二冶集团有限公司	66
37	中国五冶集团有限公司	63
38	中铁大桥勘测设计院集团有限公司	63
39	中铁电气化局集团有限公司	63
40	中铁建设集团有限公司	63
41	中国能源建设集团广东省电力设计研究院有限公司	61
42	中国建筑股份有限公司	60
43	中南建筑设计院股份有限公司	60

排名	企业名称	国家级荣誉数
44	中建科工集团有限公司	59
45	浙江亚厦装饰股份有限公司	59
46	广东省建筑设计研究院有限公司	58
47	中铁五局集团有限公司	56
48	中国建筑第六工程局有限公司	55
49	中建五局第三建设有限公司	55
50	山东电力工程咨询院有限公司	53
51	北京城建集团有限责任公司	53
52	中铁上海工程局集团有限公司	53
53	北京市市政工程设计研究总院有限公司	52
54	中建一局集团建设发展有限公司	52
55	中国市政工程中南设计研究总院有限公司	52
56	北京城建设计发展集团股份有限公司	50
57	中铁十二局集团有限公司	50
58	北京建工集团有限责任公司	49
59	华南理工大学建筑设计研究院有限公司	47
60	中铁二局集团有限公司	47
61	中建五局装饰幕墙有限公司	46
62	中交一公局集团有限公司	45
63	中建二局安装工程有限公司	45
64	清华大学建筑设计研究院有限公司	45
65	中建二局第三建筑工程有限公司	44
66	中交第四航务工程局有限公司	44
67	中国建筑第七工程局有限公司	44
68	浙江精工钢结构集团有限公司	44
69	山西四建集团有限公司	44
70	浙江大学建筑设计研究院有限公司	43
71	中国一冶集团有限公司	43
72	中建东方装饰有限公司	42

续　表

排名	企业名称	国家级荣誉数
73	中铁三局集团有限公司	42
74	中国铁建电气化局集团有限公司	41
75	中建五局安装工程有限公司	41
76	山西省安装集团股份有限公司	41
77	中建新疆建工（集团）有限公司	40
78	中国石油工程建设有限公司	40
79	中国电力工程顾问集团西南电力设计院有限公司	40
80	德才装饰股份有限公司	40
81	国核电力规划设计研究院有限公司	40
82	中国航空规划设计研究总院有限公司	39
83	中国市政工程华北设计研究总院有限公司	39
84	中国铁建大桥工程局集团有限公司	39
85	中建七局建筑装饰工程有限公司	39
86	中建四局建设发展有限公司	39
87	山东天元装饰工程有限公司	39
88	深圳市宝鹰建设集团股份有限公司	38
89	中交第二公路工程局有限公司	38
90	中建海峡建设发展有限公司	38
91	中国建筑装饰集团有限公司	38
92	中国建筑标准设计研究院有限公司	38
93	湖南省建筑设计院集团股份有限公司	38
94	中铁七局集团有限公司	38
95	中铁上海设计院集团有限公司	37
96	中铁隧道局集团有限公司	37
97	江苏沪宁钢机股份有限公司	37
98	中铁第五勘察设计院集团有限公司	37
99	上海建工五建集团有限公司	37
100	上海建工一建集团有限公司	37

表 3-3　2023 年获得省级工程荣誉企业排行榜

排名	企业名称	省级荣誉数
1	中国建筑第八工程局有限公司	891
2	中国建筑第五工程局有限公司	657
3	中建三局集团有限公司	657
4	中国建筑第二工程局有限公司	503
5	中国建筑一局（集团）有限公司	419
6	中天建设集团有限公司	390
7	中国建筑第七工程局有限公司	285
8	中国建筑第四工程局有限公司	273
9	上海市政工程设计研究总院（集团）有限公司	246
10	中铁建工集团有限公司	221
11	湖南省第五工程有限公司	217
12	同济大学建筑设计研究院（集团）有限公司	212
13	中铁建设集团有限公司	204
14	中建五局第三建设有限公司	201
15	湖南省沙坪建设有限公司	198
16	河北建设集团股份有限公司	190
17	中铁四局集团有限公司	179
18	中国五冶集团有限公司	174
19	中建八局第二建设有限公司	172
20	广东省建筑设计研究院有限公司	167
21	华东建筑设计研究院有限公司	166
22	五矿二十三冶建设集团有限公司	163
23	天元建设集团有限公司	161
24	陕西建工集团股份有限公司	161
25	中建二局第三建筑工程有限公司	154
26	上海建工五建集团有限公司	153
27	湖南省第六工程有限公司	150
28	湖南建工集团有限公司	147
29	中建新疆建工（集团）有限公司	147

续　表

排名	企业名称	省级荣誉数
30	中建八局第一建设有限公司	146
31	中建海峡建设发展有限公司	145
32	湖南顺天建设集团有限公司	142
33	湖南省第三工程有限公司	136
34	湖南省第四工程有限公司	136
35	中国二十二冶集团有限公司	133
36	中交第二航务工程局有限公司	132
37	上海宝冶集团有限公司	132
38	中交·公局集团有限公司	131
39	华设设计集团股份有限公司	127
40	北京建工集团有限责任公司	124
41	中建三局第一建设工程有限责任公司	122
42	河北建工集团有限责任公司	117
43	湖南高岭建设集团股份有限公司	116
44	中建科工集团有限公司	116
45	中国铁路设计集团有限公司	115
46	中铁十四局集团有限公司	112
47	东南大学建筑设计研究院有限公司	112
48	河南省第一建筑工程集团有限责任公司	110
49	湖南兴旺建设有限公司	109
50	湖南琨基建设集团有限公司	108
51	中国建筑第六工程局有限公司	108
52	中国电建集团华东勘测设计研究院有限公司	105
53	中建八局第三建设有限公司	105
54	哈尔滨工业大学建筑设计研究院有限公司	105
55	广西建工集团第二建筑工程有限责任公司	104
56	同圆设计集团股份有限公司	104
57	上海市城市建设设计研究总院（集团）有限公司	103
58	北京城建集团有限责任公司	103

排名	企业名称	省级荣誉数
59	中建安装集团有限公司	102
60	济南城建集团有限公司	100
61	烟建集团有限公司	99
62	湖南省衡洲建设有限公司	97
63	广西建工第一建筑工程集团有限公司	96
64	中亿丰建设集团股份有限公司	96
65	中国市政工程华北设计研究总院有限公司	93
66	中铁一局集团有限公司	92
67	中天西北建设投资集团有限公司	92
68	上海建工集团股份有限公司	91
69	上海建工二建集团有限公司	90
70	南通四建集团有限公司	89
71	中铁七局集团有限公司	89
72	中铁十二局集团有限公司	88
73	青岛市勘察测绘研究院	88
74	山东省建筑设计研究院有限公司	87
75	启迪设计集团股份有限公司	86
76	江苏省华建设股份有限公司	86
77	中交建筑集团有限公司	86
78	郑州一建集团有限公司	85
79	上海建筑设计研究院有限公司	85
80	上海建工四建集团有限公司	84
81	陕西建工第五建设集团有限公司	84
82	湖南东方红建设集团有限公司	84
83	江苏省苏中建设集团股份有限公司	83
84	中铁第四勘察设计院集团有限公司	83
85	中铁上海工程局集团有限公司	82
86	天津市政工程设计研究总院有限公司	82
87	河南省第二建设集团有限公司	81

排名	企业名称	省级荣誉数
88	江苏南通二建集团有限公司	80
89	中庆建设有限责任公司	80
90	中铁十一局集团有限公司	79
91	中国一冶集团有限公司	79
92	中国华西企业有限公司	78
93	山东高速德建集团有限公司	78
94	上海建工一建集团有限公司	77
95	河南三建建设集团有限公司	77
96	浙江大学建筑设计研究院有限公司	77
97	中铁城建集团有限公司	76
98	安徽省建筑设计研究总院股份有限公司	75
99	通州建总集团有限公司	75
100	江苏扬建集团有限公司	75

3.7.5　近三年住房和城乡建设部公布的施工单位不良信息数量与占比情况

2023 年工程安全不良行为、资质不良行为、工程质量不良行为信息占全部不良信息[1]的 98.76%。从近三年来看，按住房和城乡建设部对施工单位不良信息划分标准，全国不良信息数量总计为 190244 条，其中，工程安全不良行为信息占全部不良信息的 51.62%；资质不良行为信息排名第二，占总量的 27.92%；工程质量不良行为信息排名第三，占总量的 19.22%，详见图 3-21。

---

[1]　该部分的不良信息划分以住房和城乡建设部制定的施工单位不良行为记录认定标准为依据，共五大类、41 条。

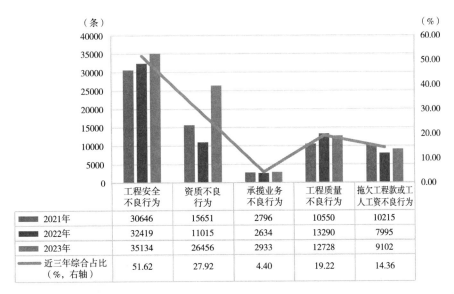

	工程安全不良行为	资质不良行为	承揽业务不良行为	工程质量不良行为	拖欠工程款或工人工资不良行为
2021年	30646	15651	2796	10550	10215
2022年	32419	11015	2634	13290	7995
2023年	35134	26456	2933	12728	9102
近三年综合占比（%，右轴）	51.62	27.92	4.40	19.22	14.36

图 3-21 2021—2023 年住房和城乡建设部对施工单位不良信息数量公布及占比情况

3.7.6 近三年其他监管部门公布的施工单位不良信息数量与占比情况

2023 年纳税类不良信息大幅增加。从近三年来看，环保局、工商局、法院、国税地税局对施工单位发出的不良行为[1]信息总计为 156423 条[2]，总不良信息数量为 145000 条，其中环保类不良信息占三年总量的 40.85%，纳税类不良信息占三年总量的 26.79%。2023 年，纳税类不良信息数量大幅增加，占 2023 年总量的 40.02%，详见图 3-22。

---

[1] 该部分的不良信息划分以环保局、工商局、法院、国税地税局对施工单位不良行为记录认定标准为依据。

[2] 存在监管单位联合发布的不良信息，因此这类不良信息在统计方面存在条目数量重复计算的情况。

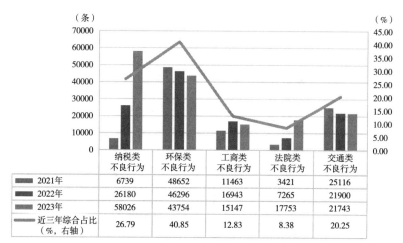

	纳税类 不良行为	环保类 不良行为	工商类 不良行为	法院类 不良行为	交通类 不良行为
■ 2021年	6739	48652	11463	3421	25116
■ 2022年	26180	46296	16943	7265	21900
■ 2023年	58026	43754	15147	17753	21743
— 近三年综合占比 （%，右轴）	26.79	40.85	12.83	8.38	20.25

图 3-22 2021—2023 年其他监管部门对施工单位不良信息数量公布及占比情况

3.7.7 全国不良记录地区分布情况

2023 年湖南省不良记录数占全国不良总数达到 18.80%。建设通诚信数据库数据显示，2023 年全国共发布 241359 条不良信息。全国 31 个地区中，共有 12 个地区不良记录超 5000 条，地区与数量排序分别为：湖南省 45381 条，浙江省 35727 条，江苏省 30618 条，四川省 28000 条，广东省 14132 条，山东省 10139 条，北京市 8128 条，安徽省 7451 条，福建省 6687 条，河北省 6191 条，辽宁省 5914 条，上海市 5356 条，详见图 3-23。

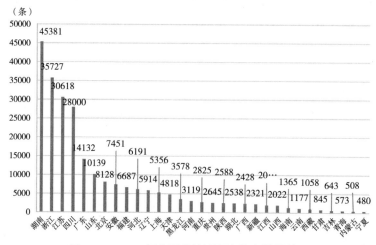

图 3-23 2023 年全国各地区不良信息数量情况

3.7.8 各地区活跃企业不良信息分布

2023 年四川省活跃企业不良记录数占全国不良总数超二成。建设通诚信数据库数据显示,2023 年涉及当年活跃企业的不良记录有 62566 条。在全国 31 个地区中,活跃企业不良数量排序与全体不良数量排序有所改变,活跃企业不良数量排名前五的地区为:四川、湖南、江苏、浙江和广东,在全体不良数量中排第六、第七的山东和北京的活跃企业不良数量排到了第八和第十位,详见图 3-24。

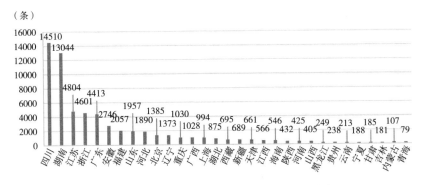

图 3-24　2023 年各地区活跃企业不良信息分布

3.8 地区招投标市场规则分析

3.8.1 重点城市主要评标办法分析

建设通大数据院对 33 个重点城市的最新调研结果显示,2023 年,33 个重点城市的主要评标办法占比(即该城市采用该评标办法评标的项目占所有项目的比重)均超过 50%,有 9 个城市的主要评标办法占比超过 90%,分别为:海口、郑州、呼和浩特、长沙、上海、沈阳、大连、杭州和长春,说明这几个城市的评标办法相对固定,详见图 3-25。

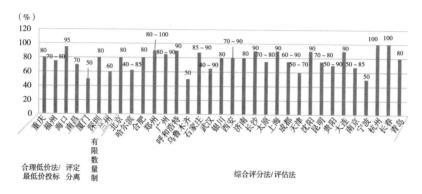

图 3-25　33 个重点城市招投标市场主要评标办法分布

33 个重点城市采用的最主要评标办法有 4 种，分别为：综合评分法/评估法、合理低价法/最低价投标法、评定分离和有限数量制。采用综合评分法/评估法的城市最多，有 26 个，占比 78.79%，采用合理低价法/最低价投标法的城市为 4 个，占比为 12.12%，采用评定分离的城市为 2 个，占比为 6.06%，详见图 3-26。

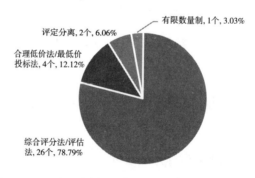

图 3-26　33 个重点城市招投标市场主要评标办法分布

3.8.2　重点城市大型项目（1 亿元以上）主要评标办法分析

建设通大数据院的最新调研结果显示，33 个重点城市在大型项目（1 亿元以上项目）上采用的主要评标办法与整体的主要评标办法基本保持一致，仅有 6 个城市（重庆、福州、宁波、银川、合肥、兰州）有变化。有 14 个城市的大型项目主要评标办法占比超过 90%，说明大型项目的评标办法相对整体项目的评标办法（有 9 个城市主要评标办法占比超过 90%）更固定一点，详见图 3-27。

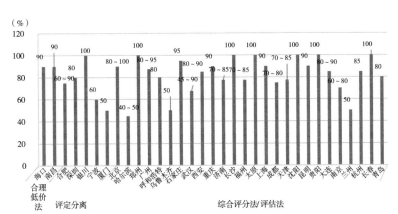

图 3-27 33 个重点城市招投标市场大型项目（1 亿元以上项目）的主要评标办法占比情况

33 个重点城市大型项目采用的最主要的评标办法共有 3 种，其中，采用综合评分法/评估法的城市最多，有 26 个，占比 78.79%，采用评定分离的城市有 5 个，占比 15.15%，采用合理低价法的城市有 2 个，占比 6.06%，详见图 3-28。

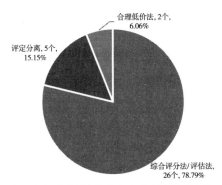

图 3-28 33 个重点城市招投标市场大型项目（1 亿元以上项目）的主要评标办法分布

3.8.3 重点城市综合评标办法各项标的占比分析

建设通大数据院的最新调研结果显示，33 个重点城市在招投标中采用综合评分法/评估法时，均有技术标。其中，有 19 个城市的技术标权重超过 30%，乌鲁木齐技术标权重最高，为 36%~70%。技术标权重在 10% 以下的仅有 2 个城市，分别为：厦门 0~10%、福州 0~10%。33 个城市的技术标平均权重约为 27%，详见图 3-29。

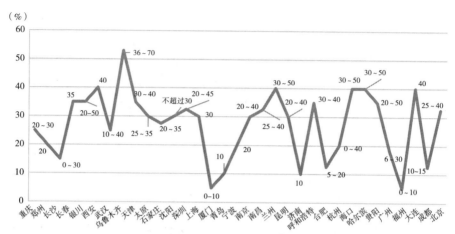

图 3-29　33 个重点城市招投标市场综合评分法/评估法中技术标的权重情况

　　33 个重点城市的综合评分法/评估法中均有商务标（指报价/经济类标，部分城市称为报价标或经济标，此处为方便统计区分，统称为商务标），且商务标权重均超过 15%。其中，有 15 个城市的商务标权重超过 60%，厦门和福州商务标权重最高，达到 88%。商务标权重低于 30% 的仅有 1 个城市，长春为 15%。33 个城市的商务标平均权重约为 55%，详见图 3-30。

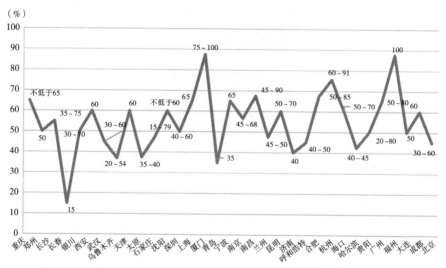

图 3-30　33 个重点城市招投标市场综合评分法/评估法中商务标的权重情况

33个重点城市的综合评分法/评估法中，有31个城市有资信标（指资质、信用类标，部分地区称为信用标或商务标，但此处为方便统计区分，统称为资信标）。其中，有14个城市的资信标权重超过15%，长春市、青岛市和济南市资信标权重最高，为50%。资信标权重低于10%的，有7个城市，分别为：重庆不高于5%、上海5%、天津0~10%、杭州0~10%、贵阳0~10%、福州0~10%和厦门0~10%。31个城市的资信标平均权重约为16%，详见图3-31。

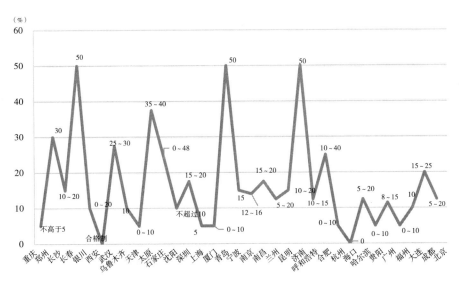

图3-31 33个重点城市招投标市场综合评分法/评估法中资信标的权重情况

3.8.4 重点城市综合评分法/评估法中信用分的占比分析

33个重点城市的综合评分法/评估法中，有26个城市有信用分。其中，有23个城市的信用分权重在5%~15%之间，海口信用分权重最高，为10%~18%。信用分权重低于5%的，有3个城市，分别为：武汉、天津和大连。26个城市的信用分平均权重约为6%，详见图3-32。

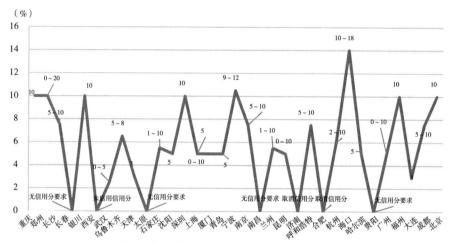

图 3-32　33 个重点城市招投标市场综合评分法/评估法中信用分占比情况

3.8.5　重点城市招投标市场投诉类型分析

建设通大数据院的最新调研结果显示，33 个重点城市中，有 32 个城市存在招投标市场投诉情况，1 个城市基本无投诉，为长春。32 个有投诉的城市中，武汉和厦门的投诉类型最多，达到 7 种；投诉类型达到 4 种的城市有 17 个。太原、南京、银川、上海和海口的投诉类型较少，均只有 1 种，详见图 3-33。

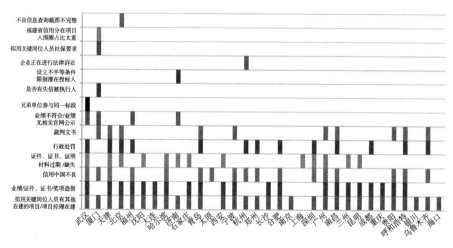

图 3-33　32 个重点城市招投标市场主要投诉类型分布

32 个有投诉的城市中，有 30 个城市存在"拟用关键岗位人员在建/项目经理在建"的投诉，占比达到 93.75%，有 21 个城市存在"业绩/证件、证书/奖项造假"的投诉，占比达到 65.63%，有 17 个城市存在"信用中国不良"投诉，占比 53.13%，详见图 3-34。

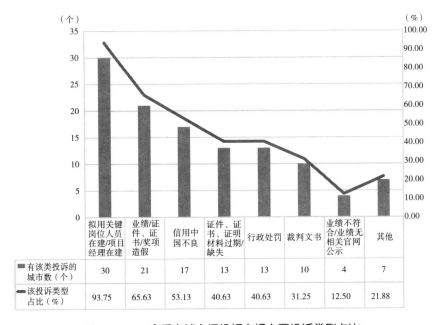

图 3-34　32 个重点城市招投标市场主要投诉类型占比

3.9　重点城市建筑企业信用评价加分项分析

随着信用信息的推广使用，全国大部分城市均推出了建筑施工企业的信用评价[1]，信用评价的指标里除了企业基本信息、项目/工程安全/质量相关管理行为、绿色/文明施工行为的计分类目外，还有一些常规的良好信息加分项与额外加分项。建设通大数据研究院对 29 个重点城市的信用分规则统计显示，信用分加分项前十大类型主要有：荣誉/奖项（企业/项目）、科技进步类奖项、纳税/财务信用、本地工程业绩相关、社会

---

　　[1]　部分城市在招投标评分中取消了信用分，但信用评价依然存在。

贡献/责任/公益、外市/外省/境外承揽业务（或业绩）相关、建筑业产值、劳资管理/人力资源管理相关、管理体系认证/建立和建筑业发展增速。

从统计数据看，29 个重点城市的信用评价加分项中均有荣誉/奖项（企业/项目），有 19 个城市有科技进步类奖项（如各级别的科技进步奖；参与标准、工法编制等），有 15 个城市对企业的纳税/财务信用会进行加分。此外，对企业社会贡献/责任/公益类行为（如抢险救灾、慈善捐助等）进行加分的有 14 个城市，详见图 3-35。

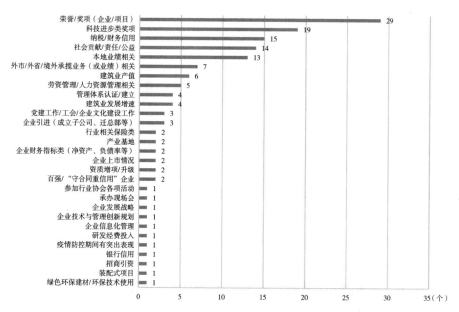

图 3-35　29 个重点城市在信用评价主要加分项方面的数量分布

根据 29 个重点城市的统计数据，信用评价加分项前十大类型中，采用城市数占比超过 50% 的有 4 项，其中，荣誉/奖项（企业/项目）类是每个城市都会采用的，占比 100%；第二位的科技进步类奖项，采用城市数 19个，占比 66%；纳税/财务信用类占比 52%；社会贡献/责任/公益类占比48%；排名第五的本地工程业绩相关类占比 45%，有 13 个城市采用，也是比较主要的加分项。总体看，前五类加分项采用的城市数相对较多，第六类加分项采用城市数占比仅有 24%，第九、十类加分项类型采用城市数占比仅为 14%，详见图 3-36。

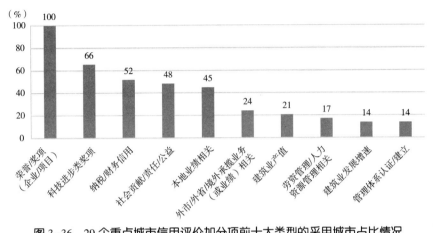

图 3-36　29 个重点城市信用评价加分项前十大类型的采用城市占比情况

　　从信用评价加分项前十大类型的地区分布来看，十大加分项类型中采用项数最多的有 7 项，具体采用城市为长沙市；其次采用项数较多的有 6 项，具体采用城市为南宁市、深圳市、天津市、乌鲁木齐市和昆明市；采用项数有 5 项的城市为济南市、哈尔滨市和郑州市。成都市、杭州市和武汉市在十大主要加分项中采用的类型最少，仅采用了 1 项，详见图 3-37。

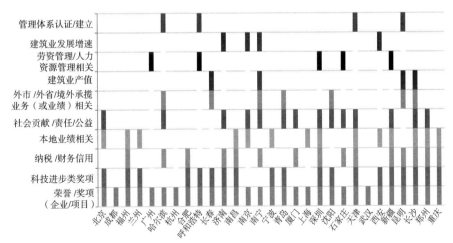

图 3-37　29 个重点城市的信用评价主要加分项的地区分布情况

3.10 百强城市统计分析

5000 万元以上公投市场中标金额前 100 名的城市排名如下，其中广州市排名第一，全年中标金额为 3541.14 亿元，其次为深圳、西安、武汉、成都排名 2~5 位，详见表 3-4。

表 3-4 5000 万元以上公投市场中标金额前 100 名的城市排名

排名	城市	所属省份	2023 年中标金额（亿元）
1	广州	广东	3541.14
2	深圳	广东	3236.09
3	西安	陕西	3222.99
4	武汉	湖北	3036.20
5	成都	四川	2532.64
6	济南	山东	2460.32
7	杭州	浙江	2369.02
8	青岛	山东	1943.70
9	苏州	江苏	1873.49
10	宁波	浙江	1809.57
11	郑州	河南	1700.73
12	无锡	江苏	1603.41
13	合肥	安徽	1597.32
14	沈阳	辽宁	1563.77
15	临沂	山东	1451.11
16	金华	浙江	1449.09
17	潍坊	山东	1434.53
18	宜昌	湖北	1339.05
19	洛阳	河南	1297.42
20	保定	河北	1154.47
21	长沙	湖南	1152.88

续 表

排名	城市	所属省份	2023 年中标金额（亿元）
22	烟台	山东	1139.30
23	南京	江苏	1089.12
24	南宁	广西	1081.32
25	黄冈	湖北	983.27
26	南阳	河南	941.55
27	湖州	浙江	919.86
28	嘉兴	浙江	918.25
29	新乡	河南	912.73
30	昆明	云南	888.56
31	常州	江苏	887.49
32	昭通	云南	884.00
33	台州	浙江	882.13
34	扬州	江苏	873.30
35	孝感	湖北	859.10
36	温州	浙江	846.57
37	福州	福建	843.01
38	石家庄	河北	826.89
39	太原	山西	822.75
40	信阳	河南	821.06
41	赣州	江西	819.58
42	芜湖	安徽	788.81
43	南昌	江西	785.91
44	十堰	湖北	766.17
45	德州	山东	742.84
46	鄂尔多斯	内蒙古	722.92
47	贵阳	贵州	720.97
48	德阳	四川	720.84
49	周口	河南	718.92

续 表

排名	城市	所属省份	2023 年中标金额（亿元）
50	开封	河南	690.16
51	聊城	山东	645.92
52	廊坊	河北	642.09
53	惠州	广东	626.51
54	盐城	江苏	614.11
55	唐山	河北	604.90
56	长春	吉林	603.82
57	文山	云南	602.54
58	厦门	福建	592.22
59	绍兴	浙江	580.63
60	咸阳	陕西	577.47
61	珠海	广东	570.41
62	徐州	江苏	557.26
63	淄博	山东	554.53
64	乌鲁木齐	新疆	550.78
65	佛山	广东	549.57
66	襄阳	湖北	549.38
67	泰安	山东	547.91
68	荆州	湖北	545.73
69	上饶	江西	545.24
70	济宁	山东	536.87
71	南通	江苏	536.86
72	泉州	福建	535.82
73	安庆	安徽	534.96
74	大理	云南	518.85
75	东莞	广东	517.62
76	曲靖	云南	513.17
77	南充	四川	509.77

排名	城市	所属省份	2023 年中标金额（亿元）
78	宜宾	四川	504.17
79	淮南	安徽	498.50
80	大连	辽宁	498.32
81	黄石	湖北	495.36
82	宿州	安徽	494.39
83	滁州	安徽	488.54
84	沧州	河北	487.01
85	衢州	浙江	486.03
86	滨州	山东	477.52
87	呼和浩特	内蒙古	469.64
88	九江	江西	466.76
89	丽水	浙江	463.69
90	绵阳	四川	463.66
91	恩施	湖北	462.98
92	榆林	陕西	462.82
93	兰州	甘肃	461.93
94	盘锦	辽宁	460.88
95	海口	海南	454.53
96	百色	广西	453.17
97	普洱	云南	451.21
98	延安	陕西	448.02
99	玉溪	云南	438.94
100	东营	山东	429.99

第四章

建筑行业市场主体
现状与发展

[摘要] 本章对建筑业中各主体（施工企业、业主集团、招标代理机构）相关金额进行排名，关注企业市场占有率；对部分头部企业进行研究，分析当前企业重点发展方向及未来转型战略。

4.1 2023 年施工企业中标情况分析

2023 年全国中标金额为 15.74 万亿元，按中标项目所在地看，四大省份突破万亿元，山东省项目金额最多，共计中标 14619.67 亿元，占比全国 9.29%，其次为广东省，中标金额为 13435.86 亿元，占比 8.53%，前二十省份中标金额占比达 87.51%，详见图 4-1。

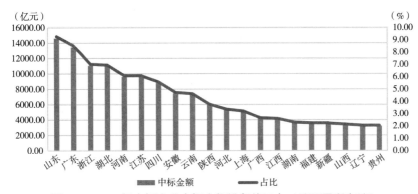

图 4-1 2023 年中标企业中标金额排名前二十（按项目所在地）

按企业注册地中标看，北京市企业中标金额最多，中标 17315.66 亿元，占比 11.00%；其次为湖北省企业，中标 14040.36 亿元，占比 8.92%；前二十省企业中标金额占比达 93.21%，详见图 4-2。

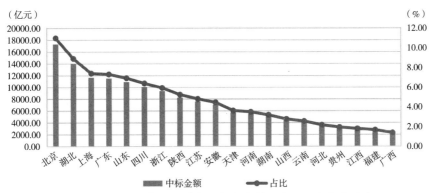

图 4-2 2023 年中标企业中标金额排名前二十（按企业注册地）

八大央企含联合体平均项目：中标金额排名前三位为中国建筑、中国铁建、中国中铁，共计中标金额 45564.24 亿元，中国建筑共计中标金额达到 18060.78 亿元，中国铁建共计中标金额 15087.74 亿元，详见图 4-3。

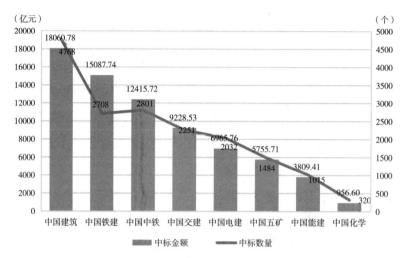

图 4-3　八大央企含联合体项目平均金额中标业绩及中标数量

八大央企去除联合体项目：中标金额排名前三位为中国建筑、中国铁建和中国中铁，其中中国建筑共计中标金额达到 8078.34 亿元，中国铁建共计中标金额 6035.45 亿元，中国中铁共计中标金额 5955.01 亿元。中国能建、中国五矿和中国化学中标金额及数量较少，共计 5367.57 亿元，详见图 4-4。

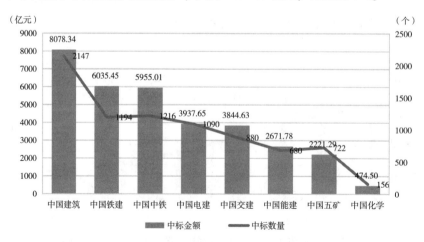

图 4-4　八大央企去除联合体项目中标业绩及项目数量

4.1.1 2023 年施工企业中标业绩百强榜单

详见表 4-1。

表 4-1 2023 年施工企业中标业绩百强榜单

排名	施工企业	企业性质	中标金额（亿元）	中标数量	联合体数量	非联合体中标金额（亿元）	EPC数量
1	中国建筑第八工程局有限公司	央企	4248.74	923	486	1999.94	372
2	中国建筑第三工程局有限公司	央企	3931.23	814	425	1686.59	360
3	中交一公局集团有限公司	央企	2207.30	388	234	693.71	158
4	上海建工控股集团有限公司	国企	2203.02	710	251	1774.35	194
5	中铁四局集团有限公司	央企	1717.57	388	210	971.55	130
6	中国建筑第五工程局有限公司	央企	1575.96	475	249	714.44	190
7	陕西建工控股集团有限公司	国企	1561.08	478	175	776.04	206
8	中国建筑第二工程局有限公司	央企	1555.16	383	193	783.28	145
9	中铁十一局集团有限公司	央企	1549.48	311	169	627.81	129
10	中铁一局集团有限公司	央企	1426.28	333	173	643.30	132
11	中国建筑一局（集团）有限公司	央企	1345.34	378	160	748.82	134
12	中国能源建设集团规划设计有限公司	央企	1317.19	361	150	1070.22	291
13	中铁十五局集团有限公司	央企	1283.83	170	80	412.37	63
14	中国建筑第七工程局有限公司	央企	1251.60	305	146	574.22	141
15	山西建设投资集团有限公司	国企	1195.70	527	243	610.17	243
16	中交第二航务工程局有限公司	央企	1186.50	262	132	612.12	125
17	中国五冶集团有限公司	央企	1130.88	247	96	596.34	83
18	中国建筑第四工程局有限公司	央企	1113.93	283	180	348.47	121

续 表

排名	施工企业	企业性质	中标金额（亿元）	中标数量	联合体数量	非联合体中标金额（亿元）	EPC数量
19	中铁十二局集团有限公司	央企	1112.12	207	92	550.15	73
20	云南省建设投资控股集团有限公司	国企	1102.64	416	327	380.58	290
21	中铁十八局集团有限公司	央企	1080.45	152	73	735.57	59
22	中铁建工集团有限公司	央企	1072.10	278	140	589.43	111
23	中国建筑第六工程局有限公司	央企	1065.49	250	153	282.38	137
24	安徽建工集团控股有限公司	国企	1043.57	343	261	248.63	141
25	中铁二十局集团有限公司	央企	950.75	137	74	382.14	63
26	中交第二公路工程局有限公司	央企	943.74	167	94	407.71	67
27	中铁十四局集团有限公司	央企	925.40	168	85	489.64	67
28	中国铁建大桥工程局集团有限公司	央企	868.06	130	69	276.34	51
29	中交路桥建设有限公司	央企	860.81	155	78	397.06	51
30	四川华西集团有限公司	国企	784.74	249	125	329.69	121
31	中铁十六局集团有限公司	央企	770.65	156	89	315.81	60
32	中国能源建设集团华东建设投资有限公司	央企	767.38	198	60	506.66	79
33	中交第四航务工程局有限公司	央企	764.42	142	75	377.99	62
34	中铁七局集团有限公司	央企	745.91	141	86	289.50	53
35	上海城建（集团）有限公司	国企	745.38	227	87	646.41	55
36	中铁二十四局集团有限公司	央企	741.12	124	55	312.49	29
37	中铁五局集团有限公司	央企	736.13	149	82	289.09	57
38	广州市建筑集团有限公司	国企	731.70	422	229	302.07	194

排名	施工企业	企业性质	中标金额（亿元）	中标数量	联合体数量	非联合体中标金额（亿元）	EPC数量
39	北京建工集团有限责任公司	国企	729.42	302	74	586.18	55
40	湖北交投建设集团有限公司	国企	717.61	23	20	8.53	4
41	浙江交工集团股份有限公司	国企	693.04	125	45	497.79	37
42	中交建筑集团有限公司	央企	687.78	165	105	231.09	98
43	中铁二局集团有限公司	央企	679.87	129	60	313.31	40
44	中铁十七局集团有限公司	央企	657.20	96	51	237.32	41
45	中铁二十三局集团有限公司	央企	648.53	118	74	173.08	68
46	中铁建设集团有限公司	央企	641.34	127	65	275.25	54
47	中国二十二冶集团有限公司	央企	622.52	87	36	115.34	40
48	中铁大桥局集团有限公司	央企	615.96	72	26	446.53	16
49	中国一冶集团有限公司	央企	613.21	135	89	119.17	85
50	中铁十局集团有限公司	央企	610.30	185	117	226.66	56
51	中铁上海工程局集团有限公司	央企	606.06	142	94	279.35	68
52	广东省建筑工程集团控股有限公司	国企	599.63	378	195	328.56	149
53	中国核工业建设股份有限公司	央企	593.63	164	47	433.97	69
54	中国电建集团华东勘测设计研究院有限公司	央企	576.53	180	120	351.81	144
55	湖南建工集团有限公司	国企	573.49	330	214	194.22	203
56	中铁三局集团有限公司	央企	558.18	110	53	346.72	25
57	中铁十九局集团有限公司	央企	554.04	109	53	212.46	42
58	中铁二十一局集团有限公司	央企	544.82	131	51	318.86	50
59	北京城建集团有限责任公司	国企	537.65	217	71	412.24	49
60	中交疏浚（集团）股份有限公司	央企	533.12	161	86	278.90	67

续　表

排名	施工企业	企业性质	中标金额（亿元）	中标数量	联合体数量	非联合体中标金额（亿元）	EPC数量
61	中铁隧道局集团有限公司	央企	524.12	84	43	304.04	23
62	中国铁建投资集团有限公司	央企	517.31	23	19	235.25	13
63	中交第一航务工程局有限公司	央企	509.81	153	70	219.61	56
64	上海宝冶集团有限公司	央企	503.24	116	45	229.50	32
65	中交第三公路工程局有限公司	央企	466.18	89	43	215.32	34
66	中国能源建设集团北方建设投资有限公司	央企	463.58	143	33	322.11	62
67	中铁城建集团有限公司	央企	440.96	88	47	172.06	38
68	中铁二十二局集团有限公司	央企	438.75	98	65	187.27	45
69	湖北省路桥集团有限公司	国企	431.19	44	29	118.35	18
70	中铁二十五局集团有限公司	央企	426.41	70	42	179.81	31
71	中国铁建电气化局集团有限公司	央企	425.95	74	44	99.37	19
72	湖北楚天智能交通股份有限公司	国企	417.00	1	1	0.00	0
73	中冶天工集团有限公司	央企	416.06	119	62	165.76	65
74	山东省路桥集团有限公司	国企	405.48	66	35	215.43	30
75	中铁北京工程局集团有限公司	央企	403.25	49	20	298.02	17
76	中建科工集团有限公司	央企	396.53	120	70	174.58	57
77	中国铁建昆仑投资集团有限公司	央企	395.20	15	15	0.00	6
78	中铁电气化局集团有限公司	央企	391.07	110	46	248.51	25
79	武汉城市建设集团有限公司	国企	387.38	149	121	86.28	118
80	中交第三航务工程局有限公司	央企	385.46	83	40	185.33	21

排名	施工企业	企业性质	中标金额（亿元）	中标数量	联合体数量	非联合体中标金额（亿元）	EPC数量
81	中铁八局集团有限公司	央企	385.04	93	52	173.04	37
82	中国水利水电第十四工程局有限公司	央企	367.64	65	26	252.99	24
83	中国水利水电第四工程局有限公司	央企	364.51	64	20	185.87	21
84	四川公路桥梁建设集团有限公司	国企	347.13	42	17	139.45	10
85	甘肃省建设投资（控股）集团有限公司	国企	341.53	190	37	269.21	70
86	中国二十冶集团有限公司	央企	337.04	86	49	91.10	41
87	中国能源建设集团南方建设投资有限公司	央企	332.70	108	14	238.68	29
88	中冶建工集团有限公司	央企	330.52	100	50	121.81	51
89	中国十七冶集团有限公司	央企	329.35	95	64	114.50	58
90	广西建工集团有限责任公司	国企	328.14	224	106	169.64	67
91	中国水利水电第七工程局有限公司	央企	327.71	55	24	176.46	20
92	中铁广州工程局集团有限公司	央企	327.68	83	56	94.77	48
93	中铁六局集团有限公司	央企	303.23	61	33	111.97	19
94	中国建筑股份有限公司	央企	299.35	20	13	187.41	2
95	中国水利水电第十一工程局有限公司	央企	299.32	69	35	138.15	29
96	中国葛洲坝集团股份有限公司	央企	296.57	29	15	176.70	4
97	贵州建工集团有限公司	国企	288.56	153	71	134.90	78
98	中国十九冶集团有限公司	央企	280.60	66	38	80.87	38

排名	施工企业	企业性质	中标金额（亿元）	中标数量	联合体数量	非联合体中标金额（亿元）	EPC数量
99	黑龙江省建设投资集团有限公司	国企	277.51	176	42	205.92	41
100	中国电建集团中南勘测设计研究院有限公司	央企	275.71	91	46	184.75	71

4.1.2　2023 年前二十施工企业与前五业主集团合作情况

详见表 4-2。

表 4-2　2023 年前二十施工企业与前五业主集团合作情况

排名	施工企业	业主集团	合作金额（亿元）
1	中国建筑第八工程局有限公司	济南城市建设集团有限公司	107.35
		西咸新区泾河新城产业发展集团有限公司	82.36
		中国建筑集团有限公司	81.67
		芜湖经济技术开发区经济贸易发展局	67.67
		济南新旧动能转换起步区管理委员会建设管理部	66.79
2	中国建筑第三工程局有限公司	黄冈市人民政府	196.25
		武汉长江新区集团有限公司	130.49
		湖北交通投资集团有限公司	115.19
		湖北省科技投资集团有限公司	82.67
		华润（深圳）有限公司	79.56
3	中交一公局集团有限公司	大连市城市建设投资集团有限公司	160.00
		沈阳中德园开发建设集团有限公司	113.70
		吕梁市祁县至离石高速公路建设指挥部	106.29
		赣州市建兴控股投资集团有限公司	95.21
		智冠嘉（北京）通信工程有限公司	82.19
4	上海建工控股集团有限公司	上海金桥（集团）有限公司	395.79
		上海地产（集团）有限公司	142.29
		上海临港经济发展（集团）有限公司	136.82
		上海城投（集团）有限公司	119.12
		上海久事（集团）有限公司	111.62

排名	施工企业	业主集团	合作金额（亿元）
5	中铁四局集团有限公司	中国国家铁路集团有限公司	142.89
		中国铁路工程集团有限公司	127.32
		徐州地铁集团有限公司	45.30
		合肥市轨道交通集团有限公司	37.71
		中国铁路上海局集团有限公司杭温工程建设指挥部	34.81
6	中国建筑第五工程局有限公司	华润（深圳）有限公司	64.61
		朔州市华朔能源教育培训有限责任公司	51.85
		珠海市高新建设投资有限公司	28.49
		宝鸡高新投资控股有限公司	28.00
		滁州市琅琊国有资产运营有限公司	27.77
7	陕西建工控股集团有限公司	西安曲江杜邑文旅科技投资（集团）有限公司	263.22
		西安高科集团有限公司	70.43
		西安航天城投资发展集团有限公司	58.54
		中国互联网新闻中心	52.00
		陕西西咸新区发展集团有限公司	44.03
8	中国建筑第二工程局有限公司	中国广核集团有限公司	85.27
		枣庄高新投资集团有限公司	44.76
		苏州市吴中区甪直供销合作社	43.28
		鄂尔多斯市佳奇城市建设投资开发有限责任公司	40.27
		中国建筑集团有限公司	38.49
9	中铁十一局集团有限公司	中国国家铁路集团有限公司	118.39
		河南振科农业科技有限公司	98.40
		湖北交通投资集团有限公司	64.94
		武汉市新洲国有资产投资经营有限公司	63.46
		沈阳汽车城开发建设集团有限公司	44.20

续　表

排名	施工企业	业主集团	合作金额（亿元）
10	中铁一局集团有限公司	中国国家铁路集团有限公司	84.02
		平凉市城乡发展建设投资集团有限公司	67.97
		广西交通投资集团有限公司	50.99
		广东粒子产业发展有限公司	45.00
		神农架林区林业投资开发集团有限责任公司	37.40
11	中国建筑一局（集团）有限公司	娄底市城市发展控股集团有限公司	52.55
		北京国有资本运营管理有限公司	49.68
		山东港东泰能源科技有限公司	48.81
		中国建筑集团有限公司	34.65
		武汉车谷城市发展集团有限公司	33.72
12	中国能源建设集团规划设计有限公司	中国能源建设集团有限公司	213.48
		甘肃省国有资产投资集团有限公司	91.37
		国家电力投资集团有限公司	72.76
		中国电力国际发展有限公司	71.02
		中国中煤能源集团有限公司	67.12
13	中铁十五局集团有限公司	郑州航空港科创投资集团有限公司	262.32
		河北金山岭文化旅游发展集团有限公司	185.50
		河南省豫东南高新投资集团有限公司	68.86
		信阳市建设投资总公司	29.94
		柞水县中小企业投资发展有限公司	29.50
14	中国建筑第七工程局有限公司	福州城市建设投资集团有限公司	77.84
		南阳新城建设投资开发有限公司	60.82
		南阳交通建设投资集团有限公司	45.96
		内蒙古航开城市投资建设有限责任公司	41.60
		郑州发展投资集团有限公司	40.32
15	山西建设投资集团有限公司	山西省国有资本运营有限公司	149.51
		太原市杏花岭区城乡管理局	68.90
		鄂尔多斯市交通运输局	52.19
		吕梁市城市管理局	32.31
		山西阳曲现代农业产业示范区投资发展集团有限公司	22.36

排名	施工企业	业主集团	合作金额 （亿元）
16	中交第二航务工程局 有限公司	湖北交通投资集团有限公司	60.33
		平陆运河集团有限公司	52.78
		宜昌市人民政府	48.76
		中国交通建设集团有限公司	42.21
		呼和浩特建通工程技术服务集团有限公司	40.12
17	中国五冶集团 有限公司	南充市临江新区建设开发集团有限公司	73.49
		成都天府新区投资集团有限公司	72.81
		西咸新区泾河新城产业发展集团有限公司	45.82
		成都高新投资集团有限公司	41.22
		上海上实（集团）有限公司	40.15
18	中国建筑第四工程局 有限公司	甘南县恒丰粮食购销有限公司	139.81
		漳州市九龙江集团有限公司	48.99
		华润（深圳）有限公司	41.29
		井冈山市城投控股集团有限公司	24.32
		福州市长乐区国有资本投资发展有限公司	19.10
19	中铁十二局集团 有限公司	中国国家铁路集团有限公司	82.02
		广东省铁路建设投资集团有限公司	70.65
		西藏国有资本投资运营有限公司	47.28
		中国铁道建筑集团有限公司	36.95
		中国铁路武汉局集团有限公司武汉工程建设指挥部	33.48
20	云南省建设投资 控股集团有限公司	临沧市交通运输局	188.38
		中国互联网新闻中心	110.00
		云南省建设投资控股集团有限公司	66.86
		曲靖市经济开发投资集团有限公司	40.50
		昭通市城市建设投资开发有限公司	38.10

4.1.3　2023 年前二十施工企业与前五招标代理机构集团合作情况

详见表 4-3。

表 4-3　2023 年前二十施工企业与前五招标代理机构集团合作情况

排名	施工企业	招标代理机构集团	合作金额（亿元）
1	中国建筑第八工程局有限公司	西北（陕西）国际招标有限公司	110.27
		安徽省仁华企业管理咨询有限公司	102.94
		重庆越安工程咨询有限公司	72.23
		广东省环保集团有限公司	66.98
		山东宏丰达工程咨询有限公司	66.79
2	中国建筑第三工程局有限公司	华杰工程咨询有限公司	389.41
		中南工程咨询设计集团有限公司	274.27
		广东省广新控股集团有限公司	84.08
		北京盛海隆嘉贸易有限公司	76.43
		山东君达工程项目管理有限公司	63.00
3	中交一公局集团有限公司	大连市城市建设投资集团有限公司	160.00
		山西省国有资本运营有限公司	106.29
		上海国有资本投资有限公司	95.21
		华杰工程咨询有限公司	84.31
		威海晟源工程管理咨询有限公司	69.30
4	上海建工控股集团有限公司	上海国际招标有限公司	191.21
		上海机电设备招标有限公司	140.78
		上海百通项目管理咨询有限公司	139.51
		上海投资咨询集团有限公司	102.71
		上海万国建设工程项目管理有限公司	91.75
5	中铁四局集团有限公司	合肥兴泰金融控股（集团）有限公司	138.26
		合肥新站高新技术产业开发区管委会	81.77
		安徽省仁华企业管理咨询有限公司	72.46
		江苏中瑞建设项目管理有限公司	45.30
		广西交投宏冠工程咨询有限公司	40.88
6	中国建筑第五工程局有限公司	重庆国际投资咨询集团有限公司	38.98
		滁州市城市投资控股集团有限公司	37.99
		深圳交易集团有限公司	31.37
		陕西正大项目管理咨询有限公司	28.00
		中国国际工程咨询有限公司	27.95

排名	施工企业	招标代理机构集团	合作金额（亿元）
7	陕西建工控股集团有限公司	陕西省采购招标有限责任公司	326.78
		龙寰项目管理咨询有限公司	67.17
		浙江科佳工程咨询有限公司	52.00
		正衡工程项目管理有限公司	43.54
		陕西鸿信泰鼎建设项目管理有限公司	42.51
8	中国建筑第二工程局有限公司	中国广核集团有限公司	85.36
		江苏苏维工程管理有限公司	43.28
		内蒙古立鸿项目管理有限公司	40.27
		中国机电设备招标中心（工业和信息化部政府采购中心）	34.45
		河南省机电设备招标股份有限公司	32.30
9	中铁十一局集团有限公司	中南工程咨询设计集团有限公司	107.36
		大华建设项目管理有限公司	98.40
		华杰工程咨询有限公司	86.54
		北京中交建设工程咨询有限公司	71.39
		湖北涛江工程监理咨询有限公司	61.03
10	中铁一局集团有限公司	甘肃省国有资产投资集团有限公司	67.97
		广西交通投资集团有限公司	50.99
		广东达安项目管理股份有限公司	45.00
		湖北楚权工程项目管理有限公司	37.40
		北京盛海隆嘉贸易有限公司	37.21
11	中国建筑一局（集团）有限公司	山东中略项目管理有限公司	48.81
		北京辉煌逸达实业集团有限公司	48.54
		中国机电设备招标中心（工业和信息化部政府采购中心）	44.31
		北京瑞沃元亨管理咨询有限责任公司	34.92
		信盼望（北京）文化发展有限公司	34.37

排名	施工企业	招标代理机构集团	合作金额（亿元）
12	中国能源建设集团规划设计有限公司	国家电力投资集团有限公司	135.74
		中国电力工程顾问集团有限公司	82.34
		江苏省国金资本运营集团有限公司	69.11
		中国机电设备招标中心（工业和信息化部政府采购中心）	66.71
		国家能源集团国际工程咨询有限公司	59.21
13	中铁十五局集团有限公司	河南华明工程造价咨询有限公司	262.32
		北京盛海隆嘉贸易有限公司	190.58
		河南明祥工程咨询有限公司	68.86
		高达建设管理发展有限责任公司	29.94
		中志标建设项目管理咨询有限公司	29.50
14	中国建筑第七工程局有限公司	福建省招标采购集团有限公司	75.91
		中国投资有限责任公司	66.94
		河南恒华工程咨询有限公司	60.82
		南阳交通建设投资集团有限公司	45.96
		安迅达工程咨询有限公司	42.22
15	山西建设投资集团有限公司	山西重力工程咨询有限公司	102.21
		山西诚明项目管理有限公司	68.90
		华杰工程咨询有限公司	52.19
		山西乾恒项目管理有限公司	28.93
		山西信达兴邦企业管理咨询中心（有限合伙）	27.13
16	中交第二航务工程局有限公司	华杰工程咨询有限公司	120.70
		中乾立源工程咨询有限公司	58.02
		广西宏冠工程咨询有限公司	52.78
		中南工程咨询设计集团有限公司	49.97
		内蒙古城市建设工程咨询有限公司	40.12

排名	施工企业	招标代理机构集团	合作金额（亿元）
17	中国五冶集团有限公司	四川良友建设咨询有限公司	53.77
		中通建设工程管理有限公司	52.63
		四川同创建设工程管理有限公司	50.44
		西北（陕西）国际招标有限公司	45.82
		四川西南工程项目管理咨询有限责任公司	42.92
18	中国建筑第四工程局有限公司	黑龙江千寻工程项目管理有限公司	139.81
		福建省冶金（控股）有限责任公司	48.61
		合肥兴泰金融控股（集团）有限公司	35.09
		中国通信服务股份有限公司	29.80
		江西心远管理咨询有限公司	24.32
19	中铁十二局集团有限公司	广东省广新控股集团有限公司	74.20
		信盼望（北京）文化发展有限公司	47.28
		中国国际工程咨询有限公司	32.08
		北京中昌工程咨询有限公司	28.47
		华杰工程咨询有限公司	25.33
20	云南省建设投资控股集团有限公司	云南炬达商业运营管理合伙企业（有限合伙）	188.38
		浙江凯翔工程咨询管理有限公司	110.00
		云南国合建设招标咨询有限公司	40.50
		云南领信项目管理咨询有限公司	36.36
		垒知控股集团股份有限公司	34.65

4.2 2023 年业主单位发包情况分析

4.2.1 2023 年业主集团发包业绩百强榜单

详见表 4-4。

表 4-4 2023 年业主集团发包业绩百强榜单

排名	业主集团	发包金额（亿元）	排名	业主集团	发包金额（亿元）
1	中国国家铁路集团有限公司	3175.58	3	国家能源投资集团有限责任公司	1291.32
2	中国中煤能源集团有限公司	1636.85	4	山东高速集团有限公司	1025.67

续　表

排名	业主集团	发包金额（亿元）	排名	业主集团	发包金额（亿元）
5	国家电网有限公司	1007.09	20	北京国有资本运营管理有限公司	499.88
6	湖北交通投资集团有限公司	912.39	21	中国建筑集团有限公司	497.55
7	中国华能集团有限公司	869.41	22	广州地铁集团有限公司	482.62
8	深圳市地铁集团有限公司	795.36	23	中国铁路工程集团有限公司	470.54
9	湖北省公路事业发展中心	740.20	24	中国兵器工业集团有限公司	463.14
10	中国电力建设集团有限公司	737.47	25	重庆城市交通开发投资（集团）有限公司	460.55
11	中国核工业集团有限公司	730.23	26	广西交通投资集团有限公司	456.65
12	中国能源建设集团有限公司	683.19	27	杭州市地铁集团有限责任公司	437.68
13	上海久事（集团）有限公司	662.99	28	中国长江三峡集团有限公司	431.65
14	中国广核集团有限公司	603.78	29	上海金桥（集团）有限公司	429.76
15	国家电力投资集团有限公司	585.99	30	宜昌市人民政府	428.00
16	中国铁道建筑集团有限公司	572.92	31	四川发展（控股）有限责任公司	427.78
17	华润（深圳）有限公司	537.75	32	武汉长江新区集团有限公司	427.09
18	云南省交通发展投资有限责任公司	527.19	33	上海城投（集团）有限公司	422.16
19	广东省铁路建设投资集团有限公司	505.73	34	德阳投资控股集团有限责任公司	420.41

排名	业主集团	发包金额（亿元）	排名	业主集团	发包金额（亿元）
35	济南城市建设集团有限公司	401.38	50	中国南水北调集团有限公司	291.12
36	山西省国有资本运营有限公司	398.30	51	郑州航空港科创投资集团有限公司	287.36
37	黄冈市人民政府	392.50	52	江苏省交通工程建设局	286.77
38	平陆运河集团有限公司	386.41	53	河南振科农业科技有限公司	286.00
39	浙江省交通投资集团有限公司	362.98	54	中国农业发展银行	284.04
40	沈阳和平城市发展投资有限公司	361.23	55	中国大唐集团有限公司	274.93
41	攀枝花市交通运输局	353.50	56	广东省机场管理集团有限公司	269.17
42	沈阳汽车城开发建设集团有限公司	345.90	57	普洱市交通运输局	266.73
43	广东粤海控股集团有限公司	341.38	58	中国雄安集团有限公司	265.49
44	中国互联网新闻中心	337.70	59	西安曲江杜邑文旅科技投资（集团）有限公司	263.22
45	长沙天心城市发展集团有限公司	326.44	60	镇雄产投集团有限公司	260.56
46	招商局集团有限公司	326.25	61	楚雄彝族自治州交通运输局	256.19
47	孝感市人民政府	322.00	62	吉林省高速公路集团有限公司	249.55
48	中国交通建设集团有限公司	319.93	63	西咸新区泾河新城产业发展集团有限公司	240.84
49	大有数字资源有限责任公司	305.72	64	宁波市高等级公路建设管理中心	239.69

续　表

排名	业主集团	发包金额（亿元）	排名	业主集团	发包金额（亿元）
65	浙江浙中城市建设有限公司	236.70	81	南昌市交通投资集团有限公司	209.58
66	济南轨道交通集团有限公司	233.70	82	青海省交通控股集团有限公司	205.84
67	中国五矿集团有限公司	229.63	83	青岛城市建设投资（集团）有限责任公司	205.37
68	宁波市轨道交通集团有限公司	229.55	84	陕西西咸新区发展集团有限公司	202.52
69	西安市轨道交通集团有限公司	227.92	85	恩施土家族苗族自治州人民政府	201.00
70	洛阳国展资产管理有限公司	225.16	86	武汉城市建设集团有限公司	199.99
71	中国华电集团有限公司	224.94	87	安徽省交通控股集团有限公司	197.79
72	龙井市水利局应急工程建设管理办公室	222.72	88	国家开发投资集团有限公司	196.43
73	湖北省科技投资集团有限公司	222.00	89	宜宾市交通运输局	195.00
74	石家庄交通投资发展集团有限责任公司	219.20	90	郑州市公路管理局	193.82
75	上海临港经济发展（集团）有限公司	218.80	91	西安高科集团有限公司	193.24
76	胶州市国有资产服务中心	218.13	92	厦门利柏商务服务有限公司	192.37
77	江西省交通运输厅	216.70	93	安庆市交通运输局	191.54
78	武汉地铁集团有限公司	215.58	94	广东恒健投资控股有限公司	190.40
79	新疆维吾尔自治区交通建设管理局	213.63	95	深圳市交通公用设施建设中心	189.98
80	重庆高新开发建设投资集团有限公司	212.25	96	厦门路桥建设集团有限公司	188.62

排名	业主集团	发包金额（亿元）	排名	业主集团	发包金额（亿元）
97	怒江州交通运输局	188.59	99	广东省交通集团有限公司	187.05
98	临沧市交通运输局	188.38	100	中国南方电网有限责任公司	186.90

4.2.2 2023年前二十业主集团与前五施工企业关系

详见表4-5。

表4-5 2023年前二十业主集团与前五施工企业关系

排名	业主集团	施工企业	合作金额（亿元）
1	中国国家铁路集团有限公司	中铁三局集团有限公司	231.70
		中铁四局集团有限公司	223.86
		中铁十四局集团有限公司	177.54
		中铁十局集团有限公司	150.90
		中铁十二局集团有限公司	138.63
2	中国中煤能源集团有限公司	山东大卫国际建筑设计有限公司	77.74
		中化学交通建设集团有限公司	68.95
		中国能源建设集团规划设计有限公司	67.12
		中国建筑第六工程局有限公司	60.63
		河南省交通规划设计研究院股份有限公司	52.55
3	国家能源投资集团有限责任公司	中国能源建设集团华东建设投资有限公司	93.00
		中国能源建设集团南方建设投资有限公司	63.44
		中国能源建设集团北方建设投资有限公司	61.44
		中交第三航务工程局有限公司	51.76
		中国电建集团中南勘测设计研究院有限公司	45.73
4	山东高速集团有限公司	山东省路桥集团有限公司	190.73
		山东高速工程建设集团有限公司	140.82
		山东省公路桥梁建设集团有限公司	75.35
		中交路桥建设有限公司	67.94
		中铁十局集团有限公司	59.54

排名	业主集团	施工企业	合作金额（亿元）
5	国家电网有限公司	甘肃送变电工程有限公司	30.84
		新疆送变电有限公司	27.72
		浙江省送变电工程有限公司	25.21
		国网四川电力送变电建设有限公司	23.62
		安徽送变电工程有限公司	23.28
6	湖北交通投资集团有限公司	中国建筑第三工程局有限公司	115.19
		中铁大桥局集团有限公司	93.83
		湖北省路桥集团有限公司	79.27
		中交第二公路工程局有限公司	68.43
		中铁十一局集团有限公司	64.94
7	中国华能集团有限公司	中国水利水电第十四工程局有限公司	56.73
		中国水利水电第九工程局有限公司	56.37
		中国能源建设集团北方建设投资有限公司	44.88
		中国电建集团昆明勘测设计研究院有限公司	40.41
		中国电建集团华东勘测设计研究院有限公司	35.14
8	深圳市地铁集团有限公司	中铁二局集团有限公司	30.71
		中铁五局集团有限公司	21.19
		中国建筑第八工程局有限公司	19.99
		中国建筑第二工程局有限公司	19.34
		中国水利水电第一工程局有限公司	17.13
9	湖北省公路事业发展中心	湖北楚天智能交通股份有限公司	417.00
		湖北交投建设集团有限公司	263.64
		湖北省路桥集团有限公司	58.00
		中交第二公路勘察设计研究院有限公司	0.79
		湖北省交通规划设计院股份有限公司	0.77
10	中国电力建设集团有限公司	中国电建集团中南勘测设计研究院有限公司	62.28
		中国水利水电第八工程局有限公司	59.44
		中国水利水电第九工程局有限公司	58.75
		中国水利水电第四工程局有限公司	53.84
		中国电建集团西北勘测设计研究院有限公司	40.35

续　表

排名	业主集团	施工企业	合作金额（亿元）
11	中国核工业集团有限公司	中国核工业建设股份有限公司	200.45
		常州天合智慧能源工程有限公司	28.93
		阳光新能源开发股份有限公司	26.93
		中国中原对外工程有限公司	25.99
		中国核电工程有限公司	24.05
12	中国能源建设集团有限公司	中国能源建设集团规划设计有限公司	219.38
		中国能源建设集团华东建设投资有限公司	98.52
		中国能源建设集团西北建设投资有限公司	44.09
		中国能源建设集团北方建设投资有限公司	34.41
		中国能源建设集团南方建设投资有限公司	27.59
13	上海久事（集团）有限公司	上海城建（集团）有限公司	347.19
		上海建工控股集团有限公司	111.62
		中铁十九局集团有限公司	23.76
		中铁十一局集团有限公司	22.89
		中铁二十四局集团有限公司	21.21
14	中国广核集团有限公司	中国核工业建设股份有限公司	141.80
		中国建筑第二工程局有限公司	85.27
		中国电建集团西北勘测设计研究院有限公司	40.50
		中国能源建设集团规划设计有限公司	29.27
		中交第三航务工程局有限公司	25.00
15	国家电力投资集团有限公司	山东电力工程咨询院有限公司	73.02
		中国能源建设集团规划设计有限公司	72.76
		齐齐哈尔城投建筑工程有限公司	26.98
		阳光新能源开发股份有限公司	25.13
		江苏天合同创新能源工程有限公司	19.11
16	中国铁道建筑集团有限公司	中铁二十四局集团有限公司	91.23
		中铁十六局集团有限公司	72.84
		中国铁建大桥工程局集团有限公司	69.37
		中国铁建港航局集团有限公司	46.97
		中铁城建集团有限公司	43.52

排名	业主集团	施工企业	合作金额（亿元）
17	华润（深圳）有限公司	中国建筑第三工程局有限公司	79.56
		中国建筑第五工程局有限公司	64.61
		中国建筑第四工程局有限公司	41.29
		中国建筑第八工程局有限公司	34.94
		中国建筑第七工程局有限公司	20.83
18	云南省交通发展投资有限责任公司	云南交发公路工程有限公司	54.23
		中交一公局集团有限公司	51.78
		中交第三公路工程局有限公司	51.78
		云南云岭高速公路交通科技有限公司	51.78
		云南省交通科学研究院有限公司	51.78
19	广东省铁路建设投资集团有限公司	中铁十七局集团有限公司	76.14
		中铁十四局集团有限公司	71.60
		中铁十二局集团有限公司	70.65
		中铁建华南投资有限公司	70.65
		中国铁建电气化局集团有限公司	70.65
20	北京国有资本运营管理有限公司	北京建工集团有限责任公司	123.49
		中国建筑一局（集团）有限公司	49.68
		北京城建集团有限责任公司	44.47
		北京首钢建设集团有限公司	18.06
		北京房地集团有限公司	17.48

4.2.3　2023 年前二十业主集团与前五招标代理机构集团关系

详见表 4-6。

表 4-6　2023 年前二十业主集团与前五招标代理机构集团关系

排名	业主集团	招标代理机构集团	合作金额（亿元）
1	中国国家铁路集团有限公司	中国国家铁路集团有限公司	128.36
		中国物流集团有限公司	34.25
		安徽省仁华企业管理咨询有限公司	29.91
		湖北华科工程咨询有限公司	20.58
		江苏建诚工程咨询有限公司	11.35

排名	业主集团	招标代理机构集团	合作金额（亿元）
2	中国中煤能源集团有限公司	中国国际工程咨询有限公司	516.78
		青岛佳恒工程造价咨询有限公司	330.46
		中恒诚远项目管理有限公司	305.34
		中国中煤能源集团有限公司	179.33
		山东顺天项目管理有限公司	145.62
3	国家能源投资集团有限责任公司	国家能源集团国际工程咨询有限公司	1239.11
		中国神华国际工程有限公司	33.24
		北京新华投资有限公司	10.91
		国能龙源蓝天节能技术有限公司	2.58
		华睿诚项目管理有限公司	0.76
4	山东高速集团有限公司	山东万信项目管理有限公司	298.01
		海逸恒安项目管理有限公司	167.72
		山东德勤招标评估造价咨询有限公司	89.24
		山东中垠企业管理咨询有限公司	72.79
		山东信成工程咨询有限公司	8.15
5	国家电网有限公司	国网物资有限公司	398.32
		四川西星电力科技咨询有限公司	45.88
		国网浙江浙电招标咨询有限公司	40.97
		国网新疆招标有限责任公司	29.73
		甘肃科源电力集团有限公司	28.35
6	湖北交通投资集团有限公司	华杰工程咨询有限公司	496.67
		北京中交建设工程咨询有限公司	393.47
		中南工程咨询设计集团有限公司	8.80
		湖北恒达建设工程项目管理有限公司	7.40
		武汉新地工程造价咨询有限公司	3.95
7	中国华能集团有限公司	中国华能集团有限公司	785.55
		江苏省国金资本运营集团有限公司	25.03
		辽宁轩宇工程管理有限公司	23.07
		河北招标集团有限公司	8.72
		河北光大一诺项目管理有限公司	7.34

排名	业主集团	招标代理机构集团	合作金额（亿元）
8	深圳市地铁集团有限公司	深圳市地铁集团有限公司	675.47
		深圳市栋森工程项目管理有限公司	15.13
		济南建招工程咨询有限公司	15.05
		上海沪港建设咨询有限公司	13.53
		中新工程咨询（广东）有限公司	12.55
9	湖北省公路事业发展中心	华杰工程咨询有限公司	738.64
		中南工程咨询设计集团有限公司	1.56
10	中国电力建设集团有限公司	中电建新能源集团股份有限公司	77.82
		中国电建集团江西省电力设计院有限公司	67.09
		广东粤海控股集团有限公司	49.12
		长江水利水电开发集团（湖北）有限公司	47.74
		成都合能达科技开发投资有限公司	20.61
11	中国核工业集团有限公司	北京核新裕辰咨询有限公司	415.62
		中国核工业集团有限公司	189.88
		北京军友诚信检测认证有限公司	51.40
		湖南省众创信诚工程咨询有限公司	13.57
		信远建设咨询集团有限公司	11.74
12	中国能源建设集团有限公司	中国能源建设集团电子商务有限公司	140.12
		中国电力工程顾问集团有限公司	90.37
		中国能源建设集团浙江省电力设计院有限公司	58.09
		陕西省采购招标有限责任公司	18.80
		中国能源建设集团浙江火电建设有限公司	14.54
13	上海久事（集团）有限公司	上海投资咨询集团有限公司	312.57
		上海第一测量师事务所有限公司	133.79
		上海市市政公路行业协会	121.70
		上海机电设备招标有限公司	45.19
		上海崇泽超科技发展合伙企业（有限合伙）	41.12

续 表

排名	业主集团	招标代理机构集团	合作金额（亿元）
14	中国广核集团有限公司	中国广核集团有限公司	563.95
15	国家电力投资集团有限公司	国家电力投资集团有限公司	369.46
		中国机电设备招标中心（工业和信息化部政府采购中心）	74.44
		黑龙江鼎投工程项目管理有限公司	26.98
		黑龙江泰合工程咨询有限公司	18.15
		中国宝武钢铁集团有限公司	16.40
16	中国铁道建筑集团有限公司	北京中铁国际招标有限公司	52.61
		安徽省仁华企业管理咨询有限公司	46.52
		广东拓腾工程造价咨询有限公司	20.39
		广东建发工程管理有限公司	20.30
		陕西龙泽项目咨询管理有限公司	19.00
17	华润（深圳）有限公司	广东省环保集团有限公司	77.10
		中吉国际项目管理有限公司	39.27
		深圳市京圳工程咨询有限公司	24.68
		华睿诚项目管理有限公司	14.84
		海南融腾项目管理有限公司	10.43
18	云南省交通发展投资有限责任公司	昆明华辰招标代理有限公司	517.75
		云南盛发工程建设招标造价咨询有限公司	9.44
19	广东省铁路建设投资集团有限公司	广东省广新控股集团有限公司	505.73
20	北京国有资本运营管理有限公司	北京国有资本运营管理有限公司	146.96
		北京辉煌逸达实业集团有限公司	76.33
		北京瑞沃元亨管理咨询有限责任公司	44.30
		北京京城招建设工程咨询有限公司	22.74
		北京时代建业工程咨询有限公司	17.14

4.3 2023 年建筑招标代理机构业务情况分析

详见表 4-7。

表 4-7 2023 年建筑招标代理机构业务情况分析

排名	企业名称	代理金额（亿元）
1	华杰工程咨询有限公司	4256.17
2	国家能源集团国际工程咨询有限公司	1406.91
3	安徽省招标集团股份有限公司	1354.46
4	北京中交建设工程咨询有限公司	1259.41
5	国信国际工程咨询集团股份有限公司	1240.80
6	湖北省招标股份有限公司	988.07
7	安徽公共资源交易集团项目管理有限公司	954.94
8	云南云岭工程造价咨询有限公司	913.20
9	湖北省成套招标股份有限公司	873.80
10	中国华能集团有限公司北京招标分公司	829.05
11	国义招标股份有限公司	773.90
12	中招国际招标有限公司	772.84
13	建经投资咨询有限公司	729.93
14	广西交投宏冠工程咨询有限公司	712.43
15	北京大岳咨询有限责任公司	682.64
16	深圳市建材交易集团有限公司	676.91
17	中咨海外咨询有限公司	648.47
18	福建省闽招咨询管理有限公司	632.50
19	中广核工程有限公司	600.13
20	陕西省采购招标有限责任公司	591.06
21	广东省机电设备招标有限公司	589.21
22	重庆国际投资咨询集团有限公司	558.95
23	昆明华辰招标代理有限公司	540.19
24	四川省川交公路工程咨询有限公司	520.21
25	北京江河润泽工程管理咨询有限公司	501.18

排名	企业名称	代理金额（亿元）
26	四川良友建设咨询有限公司	490.73
27	耀华建设管理有限公司	461.07
28	山东万信项目管理有限公司	442.98
29	中国电能成套设备有限公司	436.95
30	海逸恒安项目管理有限公司	423.11
31	大华建设项目管理有限公司	404.73
32	国信招标集团股份有限公司	404.44
33	江西省机电设备招标有限公司	403.09
34	国网物资有限公司	398.32
35	辽宁天泓工程项目管理有限公司	375.29
36	上海上咨协实工程顾问有限公司	375.03
37	青岛佳恒工程造价咨询有限公司	365.85
38	西北（陕西）国际招标有限公司	364.35
39	瑞和安惠项目管理集团有限公司	354.72
40	浙江远大工程咨询有限公司	352.46
41	中化商务有限公司	349.63
42	深圳交易咨询集团有限公司	343.07
43	上海百通项目管理咨询有限公司	338.76
44	上海国际招标有限公司	331.36
45	深圳粤港工程技术服务有限公司	326.26
46	辽宁文星招投标代理有限公司	323.42
47	捷宏润安工程顾问（江苏）有限公司	322.11
48	中咨工程管理咨询有限公司	320.35
49	中恒诚远项目管理有限公司	319.66
50	上海机电设备招标有限公司	318.58
51	湖南九为工程项目管理有限公司	316.77
52	三峡国际招标有限责任公司	307.48

续 表

排名	企业名称	代理金额（亿元）
53	山东正信招标有限责任公司	305.65
54	中科标禾工程项目管理有限公司	301.40
55	中通建设工程管理有限公司	299.04
56	北京中昌工程咨询有限公司	298.85
57	广州国义粤兴工程咨询有限公司	295.21
58	河北省成套招标有限公司	291.78
59	北京国电工程招标有限公司	291.53
60	山东省建设工程招标中心有限公司	288.89
61	华电招标有限公司	280.99
62	中国石化集团招标有限公司	275.19
63	马鞍山市兴马项目咨询有限公司	272.70
64	河南华明工程造价咨询有限公司	267.04
65	重庆招标采购（集团）有限责任公司	266.39
66	中技国际招标有限公司	256.47
67	华春建设工程项目管理有限责任公司	256.15
68	上海中鑫建设咨询有限公司	255.88
69	安庆市皖宜项目咨询管理有限公司	253.52
70	中国投资咨询有限责任公司	247.68
71	浙江同欣工程管理有限公司	244.72
72	中化建国际招标有限责任公司	243.53
73	江西心远管理咨询有限公司	241.02
74	中航技国际经贸发展有限公司	233.95
75	北京中铁国际招标有限公司	231.60
76	湖南省湘咨工程咨询管理有限责任公司	230.67
77	吉林省守信招标有限公司	222.72
78	广东省国际工程咨询有限公司	221.25
79	中投咨询有限公司	216.74
80	山东德勤招标评估造价咨询有限公司	214.85

排名	企业名称	代理金额（亿元）
81	四川众禾通达工程咨询有限公司	214.37
82	济南建招工程咨询有限公司	212.27
83	华诚博远工程咨询有限公司	210.34
84	宁波国际投资咨询有限公司	208.17
85	法正项目管理集团有限公司	207.89
86	江苏省招标中心有限公司	207.08
87	中昕国际项目管理有限公司	206.30
88	河南省机电设备招标股份有限公司	206.07
89	青海省路达交通建设招标有限公司	205.84
90	江苏交通工程投资咨询有限公司	205.77
91	中诚智信工程咨询集团股份有限公司	204.13
92	屿投工程项目管理咨询（云南）股份有限公司	202.75
93	东方安澜工程管理（洛阳）有限公司	201.51
94	浙江省成套招标代理有限公司	200.49
95	中煤招标有限责任公司	198.05
96	公诚管理咨询有限公司	196.12
97	北京京能招标集采中心有限责任公司	195.12
98	四川公路工程咨询监理有限公司	195.00
99	重庆大正建设工程经济技术有限公司	194.12
100	华润守正招标有限公司	193.07

4.4　2023 年参与联合体建筑设计单位业务情况分析

详见表 4-8。

表 4-8　2023 年参与联合体建筑设计单位业务情况分析

排名	企业名称	参与个数
1	上海市政工程设计研究总院（集团）有限公司	127
2	湖南省建筑设计院集团股份有限公司	110
3	天津市政工程设计研究总院有限公司	109

排名	企业名称	参与个数
4	中国华西工程设计建设有限公司	90
5	中国市政工程中南设计研究总院有限公司	88
6	中国建筑西北设计研究院有限公司	88
7	广东省建筑设计研究院有限公司	88
8	中南建筑设计院股份有限公司	87
9	中机国际工程设计研究院有限责任公司	81
10	中国建筑西南设计研究院有限公司	81
11	中国市政工程华北设计研究总院有限公司	72
12	华设设计集团股份有限公司	70
13	中铁第四勘察设计院集团有限公司	67
14	中国市政工程西南设计研究总院有限公司	60
15	青岛市市政工程设计研究院有限责任公司	58
16	河南省交通规划设计研究院股份有限公司	57
17	中国市政工程西北设计研究院有限公司	56
18	信息产业电子第十一设计研究院科技工程股份有限公司	54
19	武汉市政工程设计研究院有限责任公司	52
20	中交第一公路勘察设计研究院有限公司	49
21	中国电建集团昆明勘测设计研究院有限公司	49
22	长江勘测规划设计研究有限责任公司	49
23	基准方中建筑设计股份有限公司	48
24	中城科泽工程设计集团有限责任公司	47
25	中国航空规划设计研究总院有限公司	46
26	同济大学建筑设计研究院（集团）有限公司	46
27	中信建筑设计研究总院有限公司	43
28	济南市市政工程设计研究院（集团）有限责任公司	42
29	中铁第五勘察设计院集团有限公司	41
30	中国电建集团中南勘测设计研究院有限公司	40
31	中都工程设计有限公司	40

排名	企业名称	参与个数
32	中国电建集团西北勘测设计研究院有限公司	39
33	南京市市政设计研究院有限责任公司	39
34	机械工业第六设计研究院有限公司	39
35	中誉设计有限公司	35
36	中联西北工程设计研究院有限公司	35
37	云南省设计院集团有限公司	35
38	安徽省城建设计研究总院股份有限公司	35
39	太原市建筑设计研究院	34
40	青岛腾远设计事务所有限公司	34
41	中交第四航务工程勘察设计院有限公司	33
42	四川省建筑设计研究院有限公司	33
43	上海市城市建设设计研究总院（集团）有限公司	33
44	航天规划设计集团有限公司	33
45	中铁第一勘察设计院集团有限公司	32
46	中水北方勘测设计研究有限责任公司	32
47	中交第二公路勘察设计研究院有限公司	32
48	华东建筑设计研究院有限公司	32
49	核工业西南勘察设计研究院有限公司	32
50	北京市市政工程设计研究总院有限公司	32
51	浙江省建筑设计研究院	30
52	铭扬工程设计集团有限公司	30
53	广州市市政工程设计研究总院有限公司	30
54	福建省建筑设计研究院有限公司	30
55	安徽省交通规划设计研究总院股份有限公司	30
56	中联合创设计有限公司	29
57	同圆设计集团股份有限公司	29
58	深圳市建筑设计研究总院有限公司	29
59	青岛北洋建筑设计有限公司	29

排名	企业名称	参与个数
60	广州市城市规划勘测设计研究院有限公司	29
61	中国市政工程东北设计研究总院有限公司	28
62	山东华科规划建筑设计有限公司	28
63	中国中建设计研究院有限公司	27
64	中北工程设计咨询有限公司	27
65	中国建筑西南勘察设计研究院有限公司	26
66	智诚建科设计有限公司	26
67	华茗设计集团有限公司	26
68	中国电建集团北京勘测设计研究院有限公司	25
69	广东省建科建筑设计院有限公司	25
70	大洲设计咨询集团有限公司	25
71	中凡国际工程设计有限公司	24
72	浙江工业大学工程设计集团有限公司	24
73	江苏城归设计有限公司	24
74	福州市规划设计研究院集团有限公司	24
75	中科瑞城设计有限公司	23
76	苏邑设计集团有限公司	23
77	哈尔滨工业大学建筑设计研究院有限公司	23
78	大连市市政设计研究院有限责任公司	23
79	中铁上海设计院集团有限公司	22
80	中交第三航务工程勘察设计院有限公司	22
81	中国建筑上海设计研究院有限公司	22
82	浙江恒欣设计集团股份有限公司	22
83	天津城建设计院有限公司	22
84	上海勘测设计研究院有限公司	22
85	山东省交通规划设计院集团有限公司	22
86	山东大卫国际建筑设计有限公司	22
87	煤炭工业太原设计研究院集团有限公司	22

排名	企业名称	参与个数
88	华昕设计集团有限公司	22
89	湖北省城建设计院股份有限公司	22
90	扬州市建筑设计研究院有限公司	21
91	黄河勘测规划设计研究院有限公司	21
92	湖南大学设计研究院有限公司	21
93	福建省交通规划设计院有限公司	21
94	中交公路规划设计院有限公司	20
95	西北综合勘察设计研究院	20
96	贵阳建筑勘察设计有限公司	20
97	广州亚泰建筑设计院有限公司	20
98	中远交科设计咨询有限公司	19
99	中铁工程设计咨询集团有限公司	19
100	中述设计集团有限公司	19

4.5　2023年各省份城投平台公司分析

2023年各省份城投平台公司共计发包35136.97亿元，浙江省城投公司发包金额最高为5021.84亿元，占全省发包总额的45.40%，其中杭州市地铁集团有限责任公司位于该省发包榜首，发包额437.68亿元；从单个城投公司来看，山东高速集团有限公司发包金额最高，为1025.67亿元，详见表4-9。

表4-9　2023年各省份城投平台公司情况

所在省份	公司名称	发包金额（亿元）	项目数量
浙江	杭州市地铁集团有限责任公司	437.68	58
	浙江省交通投资集团有限公司	341.35	38
	宁波市轨道交通集团有限公司	229.55	81
	湖州市交通投资集团有限公司	152.83	28
	杭州市城市建设投资集团有限公司	128.88	31

续　表

所在省份	公司名称	发包金额（亿元）	项目数量
山东	山东高速集团有限公司	1006.83	104
	济南城市建设集团有限公司	400.10	63
	济南轨道交通集团有限公司	233.70	40
	济南能源集团有限公司	144.70	21
	德州财金投资控股集团有限公司	108.16	16
广东	深圳市地铁集团有限公司	753.24	104
	广州地铁集团有限公司	481.93	28
	广东粤海控股集团有限公司	341.38	18
	广东省铁路建设投资集团有限公司	222.37	8
	广东省交通集团有限公司	180.15	24
湖北	湖北交通投资集团有限公司	912.39	66
	武汉长江新区集团有限公司	405.97	7
	武汉地铁集团有限公司	215.58	36
	武汉城市建设集团有限公司	199.99	40
	湖北省科技投资集团有限公司	187.80	28
江苏	无锡城建发展集团有限公司	180.66	18
	苏州工业园区兆润投资控股集团有限公司	114.72	56
	无锡地铁集团有限公司	104.76	20
	苏州汾湖投资集团有限公司	86.24	7
	江苏武进绿色建筑产业投资有限公司	86.13	2
四川	成都天府新区投资集团有限公司	186.49	50
	宜宾发展控股集团有限公司	153.13	50
	成都高新投资集团有限公司	146.97	44
	遂宁市天泰实业有限责任公司	134.14	3
	成都轨道交通集团有限公司	103.89	39
河南	洛阳国晟投资控股有限公司	144.41	11
	信阳建投投资集团有限责任公司	131.56	7
	新乡投资集团有限公司	128.32	13
	南阳产业投资集团有限公司	116.88	25
	中原豫资投资控股集团有限公司	101.15	22

所在省份	公司名称	发包金额（亿元）	项目数量
陕西	西安市轨道交通集团有限公司	227.92	36
	陕西西咸新区发展集团有限公司	194.84	42
	西安高科集团有限公司	177.03	45
	西安市常宁开发建设有限公司	150.13	1
	西安城市基础设施建设投资集团有限公司	98.09	17
福建	厦门路桥建设集团有限公司	188.62	20
	福建省高速公路集团有限公司	116.03	11
	漳州市九龙江集团有限公司	108.27	13
	泉州城建集团有限公司	87.91	22
	福州市城乡建总集团有限公司	74.67	8
广西	广西交通投资集团有限公司	456.65	48
	广西北部湾投资集团有限公司	175.16	28
	南宁轨道交通集团有限责任公司	115.35	11
	南宁交通投资集团有限责任公司	102.15	13
	广西柳州市投资控股集团有限公司	92.60	5
安徽	安徽省交通控股集团有限公司	188.79	60
	安徽省投资集团控股有限公司	74.13	15
	蚌埠中城国有资本投资运营有限公司	63.44	23
	芜湖市建设投资有限公司	57.82	4
	厦门金圆投资集团有限公司	34.47	9
江西	南昌轨道交通集团有限公司	174.23	6
	乐平市国有资产经营管理集团有限公司	94.67	15
	南昌市政公用集团有限公司	91.43	16
	赣州市南康区城市建设发展集团有限公司	82.70	1
	江西省交通投资集团有限责任公司	50.81	12
河北	中国雄安集团有限公司	265.49	65
	石家庄交通投资发展集团有限责任公司	157.14	12
	保定市国控集团有限责任公司	148.41	25
	石家庄国控城市发展投资集团有限责任公司	145.40	43
	沧州市建设投资集团有限公司	66.67	15

续　表

所在省份	公司名称	发包金额（亿元）	项目数量
云南	云南省投资控股集团有限公司	107.73	22
	昭通市高速公路投资发展有限责任公司	101.28	12
	云南省交通投资建设集团有限公司	99.21	29
	云南省建设投资控股集团有限公司	74.96	29
	曲靖市经济开发投资集团有限公司	70.24	8
重庆	重庆科学城城市建设集团有限公司	193.91	30
	重庆国际物流枢纽园区建设有限责任公司	60.02	1
	重庆高速公路集团有限公司	47.04	14
	重庆共享工业投资有限公司	41.93	2
	重庆市地产集团有限公司	36.53	7
湖南	娄底市城市发展控股集团有限公司	99.35	13
	湖南湘江新区发展集团有限公司	81.79	30
	长沙城市发展集团有限公司	51.58	22
	湖南自由贸易试验区临空产业投资集团有限公司	38.99	11
	长沙经济技术开发集团有限公司	25.88	9
吉林	吉林省高速公路集团有限公司	249.55	6
	长春润德投资集团有限公司	43.00	10
	长春市城市发展投资控股（集团）有限公司	36.64	15
	长春新区发展集团有限公司	34.42	5
	长春城开农业投资发展集团有限公司	13.45	3
天津	天津城市基础设施建设投资集团有限公司	67.65	35
	天津滨海新区建设投资集团有限公司	57.94	15
	天津保税区投资控股集团有限公司	38.25	3
	天津泰达投资控股有限公司	32.68	8
	天津经济技术开发区国有资产经营有限公司	28.29	18
北京	北京市基础设施投资有限公司	80.14	31
	北京保障房中心有限公司	56.90	24
	北京新航城控股有限公司	44.68	11
	北京大兴发展国有资本投资运营有限公司	43.06	18
	北京市公联公路联络线有限责任公司	29.35	20

所在省份	公司名称	发包金额 （亿元）	项目 数量
贵州	贵阳产业发展控股集团有限公司	58.63	21
	贵州贵安发展集团有限公司	40.41	12
	广州南沙开发建设集团有限公司	38.95	1
	贵州省铜仁市城市交通开发投资集团股份有限公司	21.69	7
	贵州省公路开发集团有限公司	19.77	7
辽宁	大连市城市建设投资集团有限公司	182.49	7
	沈阳地铁集团有限公司	67.66	27
	大连金普新区产业控股集团有限公司	30.34	12
	水发集团有限公司	13.54	1
	深圳市地铁集团有限公司	1.14	1
山西	太原市龙城发展投资集团有限公司	91.94	20
	晋城市国有资本投资运营有限公司	56.03	11
	太原国有投资集团有限公司	28.35	7
	阳城县国有资本投资运营有限公司	25.33	8
	忻州资产经营集团有限公司	20.93	12
新疆	新疆生产建设兵团第七师国有资本投资运营 集团有限公司	55.83	25
	伊宁市国有资产投资经营（集团）有限责任公司	30.72	16
	乌鲁木齐城市建设投资（集团）有限公司	29.04	16
	克拉玛依市城市建设投资发展有限责任公司	19.91	11
	新疆可克达拉市国有资本投资运营有限责任公司	18.75	10
海南	海南省发展控股有限公司	129.88	24
	三亚崖州湾科技城控股集团有限公司	80.38	29
	海南省洋浦开发建设控股有限公司	36.51	17
	海口市水务集团有限公司	1.68	3
	水发集团有限公司	1.27	1
上海	上海松江国有资产投资经营管理集团有限公司	43.81	17
	上海奉贤新城建设发展有限公司	20.03	2
	深圳市地铁集团有限公司	14.74	2
	上海杭州湾经济技术开发有限公司	12.13	1
	安徽省交通控股集团有限公司	9.00	1

续　表

所在省份	公司名称	发包金额（亿元）	项目数量
甘肃	甘肃省公路航空旅游投资集团有限公司	61.68	30
	甘肃省公路交通建设集团有限公司	35.99	16
	中原豫资投资控股集团有限公司	13.69	1
	平凉市城乡发展建设投资集团有限公司	1.16	1
	兰州黄河生态旅游开发集团有限公司	0.95	1
内蒙古	内蒙古公路交通投资发展有限公司	27.24	3
	河北建设投资集团有限责任公司	20.70	1
	内蒙古水务投资集团有限公司	5.05	8
	鄂尔多斯市国有资产投资控股集团有限公司	3.44	2
	呼和浩特春华水务开发集团有限责任公司	3.41	4
宁夏	宁夏国有资本运营集团有限责任公司	47.98	22
	银川通联资本投资运营集团有限公司	3.13	2
	银川城市建设发展投资集团有限公司	1.00	1
	株洲高科集团有限公司	0.60	1
黑龙江	黑龙江省鹤城建设投资发展集团有限公司	6.36	2
	牡丹江市国有资产投资控股有限公司	5.75	3
	哈尔滨市城市建设投资集团有限公司	2.19	1
	哈尔滨投资集团有限责任公司	1.24	1
	河北建设投资集团有限责任公司	0.82	1
西藏	拉萨市城市建设投资经营有限公司	9.27	4
	日喀则珠峰城市投资发展集团有限公司	4.37	5
	河南交通投资集团有限公司	0.70	1
青海	西宁城市投资管理有限公司	2.44	2
	西宁经济技术开发区投资控股集团有限公司	1.12	2

4.6 国内标杆建筑行业企业发展举措

4.6.1 中国中铁——开拓水利环保业务，打造第二曲线

4.6.1.1 集团公司发展现状及转型

中国中铁股份有限公司（简称中国中铁）作为中国铁路工程总公

司旗下主要上市平台，继承了铁道部基础建设总局的核心资产，是我国八大建筑央企之一，也是全球最大的多功能综合型建设集团之一，位列《工程新闻纪录》（ENR）"全球承包商250强"第2位。中国中铁连续17年进入世界企业500强，2022年在《财富》世界500强企业业排名第34位，在中国企业500强排名第5位。

中国中铁业务范围涵盖了几乎所有基本建设领域，旗下众多子公司涵盖的业务范围包括铁路、公路、市政、房建、城市轨道交通、水利水电、机场、港口、码头等等，能够提供建筑业"纵向一体化"的一揽子交钥匙服务。此外，中国中铁实施有限相关多元化战略，在勘察设计与咨询、工业设备和零部件制造、房地产开发、矿产资源开发、高速公路运营、金融等业务方面也取得了较好的发展，详见图4-5。

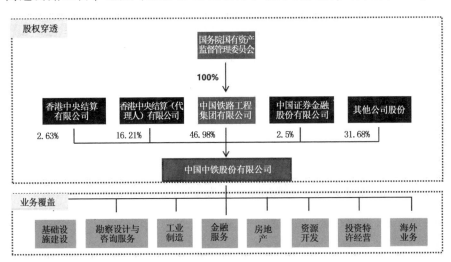

图4-5 中国中铁股权穿透及业务覆盖范围

2024年1月18日，中国中铁发布2023年第四季度主要经营数据公告，报告显示，2023年中国中铁累计实现新签合同额31006.0亿元，同比增长2.2%。其中，工程建造业务新签合同额22509.7亿元，同比增长11.4%，占全部新签合同额的72.6%，详见表4-10。

表 4-10　中国中铁 2023 年 1—12 月各业务新签合同额统计表

业务类型[①]		新签合同额（亿元）	占比（%）	同比（%）
基础设施		26336.4	84.90	-1.21
其中	工程建造	22509.7	72.60	11.40
	新兴业务	3826.7	12.30	6.00
设计咨询		277.7	0.90	-0.40
装备制造		688.2	2.20	8.90
特色地产		696.1	2.20	-7.40
其他业务		3007.6	9.70	50.24
其中	资产经营	1772.9	5.70	-54.70
	资源利用	334.4	1.10	41.70
	金融物贸	900.3	2.90	29.40
合计		31006	100.00	2.20

注：①中国中铁在 2023 年的财报中已把原有的基础设施业务拆分成工程建造和新兴业务，把原有的其他业务拆分成资产经营、资源利用和金融物贸三块业务。此处为跟其前几年数据做比较，又将 2023 年相应业务板块的业绩做了合并。

近五年分业务看，中国中铁基础设施建设业务占据绝对主力，占比均在 70% 以上，且新签订合同额持续增长；设计咨询、装备制造和房地产开发占比较小，业务增长受政策和疫情影响较为明显，详见图 4-6、表 4-11。

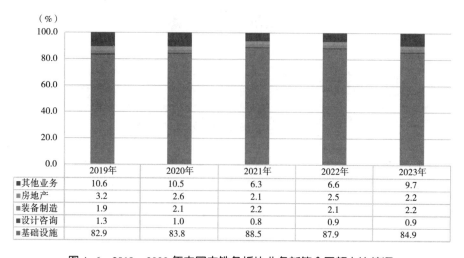

（%）	2019年	2020年	2021年	2022年	2023年
■其他业务	10.6	10.5	6.3	6.6	9.7
■房地产	3.2	2.6	2.1	2.5	2.2
■装备制造	1.9	2.1	2.2	2.1	2.2
■设计咨询	1.3	1.0	0.8	0.9	0.9
■基础设施	82.9	83.8	88.5	87.9	84.9

图 4-6　2019—2023 年中国中铁各板块业务新签合同额占比情况

表4-11 2019—2023 年中国中铁各业务板块新签合同额情况

时间	基础设施		设计咨询		装备制造		房地产		其他业务	
	新签合同额（亿元）	同比（%）	新签合同额（亿元）	同比（%）	新签合同额（亿元）	同比（%）	新签合同额（亿元）	同比（%）	新签合同额（亿元）	同比（%）
2019 年	17946.3	25.1	288.1	30.3	420.9	14.4	696.8	31.5	2296.6	57.7
2020 年	21829.2	21.6	258.6	-10.2	542.8	29.0	685.6	-1.6	2740.4	19.3
2021 年	24166.8	10.7	205.5	-20.5	612.8	12.9	580.3	-15.4	1727.8	-37.0
2022 年	26659.3	10.3	278.9	35.7	631.9	3.1	751.9	29.6	2001.9	15.9
2023 年	26336.4	-1.2	277.7	-0.4	688.2	8.9	696.1	-7.4	3007.6	50.2

注：中国中铁在2023年的财报中已把原有的基础设施业务拆分成工程建造和新兴业务，把原有的其他业务拆分成资产经营、资源利用和金融物贸三块业务。此处为跟其前几年数据做比较，又将2023年相应业务板块的业绩做了合并。

从中国中铁基建业务的细分领域分布来看，随着国内城市群、都市圈和新型城镇化建设的推进，中国中铁城市建设市场的开发力度进一步加强，市政和其他业务订单占比有所增高。2023年前三季度市政及其他工程新签合同额10252.5亿元。铁路业务较为稳健，近两年占比平稳，中国中铁依托一体化的铁路工程施工能力和全国化的市场网络参与建设了我国三分之二以上的铁路里程，是中国铁路建设的主力军。2023年前三季度中国中铁铁路业务新签合同额1789.1亿元，同比增长14.7%。公路业务方面，近两年占比虽有所下降，但业绩仍保持增长，2023年前三季度，中国中铁公路业务完成新签合同额1399.2亿元，同比增长12.6%，详见图4-7。

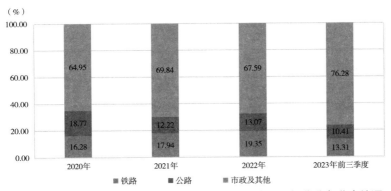

图4-7 2020—2023 年前三季度中国中铁基础设施板块细分业务分布情况

房产业务向特色地产转型

房地产行业转型背景下，中国中铁顺应政策导向，依托主业优势积极推进房地产开发业务向"地产+基建""地产+产业"转变，持续拓展文旅、康养、会展类特色地产，致力成为优秀的城市综合开发运营商，打造差异化竞争优势。2022 年，房地产业务实现营收 534.6 亿元，同比增长 6.4%，占总营收比重为 4.6%。2023 年，中国中铁特色地产业务累计新签合同额 696.1 亿元，同比下降 7.4%。

开拓水利环保市场，打造基建第二曲线

近几年，中国中铁在筑牢传统交运基建领域优势地位的同时，积极开拓水利水电、生态环保、清洁能源等市场。在水利、环保领域，中国中铁先后收购整合设计端、工程端、运营端等多项资产。水利设计端，中国中铁并购重组中铁水利院，快速形成了大中型水利工程承接能力。水利工程端，中国中铁公司多次中标滇中引水工程标段并参控股项目投资公司。截至 2022 年末，中国中铁持有滇中引水及其配套工程相关资产 423.5 亿元，深入参与滇中引水工程全生命周期管理体系，打造出千亿级中铁水利品牌代表性工程，详见表 4-12。

表 4-12　中国中铁在滇中引水工程建设过程中的资本运作

中标/投资项目	中标/投资主体	日期	中标金额（亿元）	投资金额（亿元）	投后持股比例（%）
滇中引水工程大理Ⅱ段施工 1 标	中铁五局	2018 年 10 月	14.9	—	—
滇中引水工程昆明段施工 6 标	中铁五局	2019 年 8 月	9.3	—	—
滇中引水工程大理Ⅰ段至楚雄段	中国中铁联合体	2019 年 11 月	165.4	59.0	9.47（滇中引水公司）
滇中引水工程楚雄段至红河段			120.2		
云南省滇中引水工程有限公司	中国中铁、中铁开投	2022 年 5 月	—	110.0	53.37（滇中引水公司）
中铁云南建设投资有限公司	中国中铁	2022 年 10 月	—	272.8	70.51（中铁云投公司）

2022 年中国中铁将水利水电、生态环保、清洁能源等作为"第二曲线"业务，集中发力、做大市场规模。2023 年，中国中铁的第二曲线业务新签合同额 3826.7 亿元，同比增长 26.76%。2023 年上半年，中国中铁的第二曲线业务新签合同额 1258.70 亿元，同比减少 40.6%。其中，水利水电业务完成新签合同额 277.2 亿元，同比增长 5.8%；清洁能源业务完成新签合同额 219.9 亿元，同比增长 5.9%；生态环保业务完成新签合同额 344.3 亿元，同比增长 28.6%；其他业务（含城市运营和机场航道等业务）完成新签合同额 417.3 亿元，同比减少 69.3%，详见图 4-8。

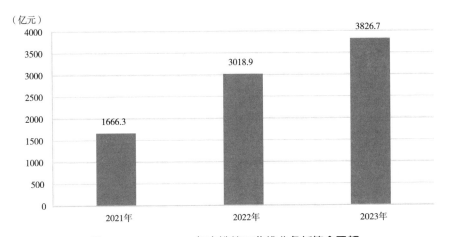

图 4-8 2021—2023 年中铁第二曲线业务新签合同额

中国中铁企业发展举措：持续优化产业布局，主业突出、相关多元的发展战略成效显著；开拓水利环保市场，持续打造基建第二曲线。

4.6.1.2 企业（分）子公司中标情况分析

中国中铁含分子公司（不含设计院、投资类公司）共计中标 11724.13 亿元，主要在基础设施领域中标金额最多，为 7292.60 亿元，其次是民用建筑领域，为 3202.24 亿元；在工程局中，中铁四局集团有限公司中标金额最多，为 1717.57 亿元，详见表 4-13。

表 4-13　中国中铁含分子公司中标情况

单位：亿元

企业分子公司	基础设施	民用建筑	专业工程	工业建筑	城乡更新	农林建筑	融合发展	总计
中铁四局集团有限公司	1014.46	506.83	69.47	56.06	64.72		6.03	1717.57
中铁一局集团有限公司	776.37	402.92	61.81	78.92	57.86	48.40		1426.28
中铁建工集团有限公司	234.23	745.25	11.84	27.86	35.03	1.32	16.57	1072.10
中铁七局集团有限公司	401.59	284.33	17.16	22.37	3.47	17.00		745.91
中铁五局集团有限公司	546.53	111.84	15.22	10.52	21.01	29.39	1.63	736.13
中铁二局集团有限公司	415.70	213.99	24.46	2.56	16.23	4.56	2.38	679.87
中铁大桥局集团有限公司	589.52	25.92	0.52					615.96
中铁十局集团有限公司	479.83	101.90	6.43	9.56	5.76		6.82	610.30
中铁上海工程局集团有限公司	397.93	140.39	7.48	56.42	2.43	1.42		606.06
中铁三局集团有限公司	457.24	42.65	51.63	4.62	2.05			558.18
中铁隧道局集团有限公司	445.41	29.88	41.91	1.88	0.67		4.37	524.12
中铁北京工程局集团有限公司	232.61	137.48	15.96	17.20				403.25
中铁电气化局集团有限公司	240.08	73.52	71.44	6.03				391.07
中铁八局集团有限公司	241.44	103.02	11.10	25.99	0.81	2.68		385.04

企业分子公司	基础设施	民用建筑	专业工程	工业建筑	城乡更新	农林建筑	融合发展	总计
中铁广州工程局集团有限公司	168.71	98.08	4.22	0.93	51.24	4.50		327.68
中铁六局集团有限公司	218.13	83.82		1.28				303.23
中铁九局集团有限公司	75.26	75.24	1.50	1.92	15.88	9.65		179.44
中国中铁股份有限公司	172.11							172.11
中铁二院工程集团有限责任公司	75.95	8.57	1.56	2.76	5.33			94.17
中铁武汉电气化局集团有限公司	51.98	7.93	12.60	20.36	1.21			94.07
中铁二局建设有限公司	52.38	1.37	12.08					65.82
中铁国际集团有限公司	3.85	5.66						9.51
中铁科学研究院有限公司	1.30	1.68	1.68	0.83		0.77		6.27
总计	7292.60	3202.24	440.07	348.04	283.69	119.68	37.80	11724.13

中国中铁含分子公司（不含设计院、投资类公司）前十省份共计中标8081.50亿元，占集团中标业绩的68.93%，其中在广东省中标金额最多，为1706.66亿元，其次是山东省936.35亿元，详见表4-14。

127

表4-14　中国中铁各分子公司在各省份中标情况

单位：亿元

企业分子公司	广东	山东	浙江	安徽	河南	湖北	江苏	云南	陕西	贵州	总计
中铁四局集团有限公司	182.89	97.17	148.89	421.26	68.20	41.04	261.08	44.44	87.38	1.05	1353.39
中铁一局集团有限公司	189.18	46.35	104.32	38.80	55.67	77.04	46.31	66.06	186.64	36.70	847.08
中铁建工集团有限公司	154.17	227.95	55.71	16.73	30.43	22.37	109.50	75.06	34.84	14.96	741.72
中铁七局集团有限公司	161.03	6.20	17.43		126.11	33.00	61.96	23.83	12.14	146.12	587.81
中铁大桥局集团有限公司	66.28	25.81	39.80	41.93	17.38	253.71	29.36	36.68		10.85	521.81
中铁十局集团有限公司	34.81	235.81	68.25	63.77	50.39	6.64	17.11	33.01	6.93		516.72
中铁五局集团有限公司	130.88	52.33	0.23	4.64	131.27	18.58	6.13	17.07	56.81	68.29	486.25
中铁二局集团有限公司	111.81	38.10	27.90		36.52	4.40	16.82	34.87	31.26	129.24	430.92
中铁隧道局集团有限公司	112.35	22.19	140.49	1.30	0.59	74.78	2.16	34.63	29.73		418.22
中铁上海工程局集团有限公司	42.41	43.85	76.52	26.62	1.50	41.63	42.93	91.50	39.08	5.03	411.07
中铁三局集团有限公司	57.51	62.38	47.58	71.13	3.61	68.10	7.80	0.95	54.99	5.13	379.17
中铁八局集团有限公司	87.72	1.46	10.51	8.68	39.47		7.17	83.81		65.20	304.01
中铁广州工程局集团有限公司	110.65	42.28	7.81	25.92	34.57		3.17	15.11	18.76	13.62	271.89
中铁北京工程局集团有限公司	93.39	8.72	19.97	3.12	15.75	1.35	34.94	22.14	25.28	3.34	228.01
中铁六局集团有限公司	68.40	6.39	5.22	22.50	20.60	3.59	2.40	52.00	2.78		183.88
中铁电气化局集团有限公司	19.80	13.10	24.39	22.51	19.10	13.96	3.22	9.33	15.27	4.99	145.67
中铁九局集团有限公司	16.49	2.01			38.81		13.42				70.73

续 表

企业分子公司	广东	山东	浙江	安徽	河南	湖北	江苏	云南	陕西	贵州	总计
中铁武汉电气化局集团有限公司	5.93		2.66		5.49	16.35	1.60	9.13	11.03	5.16	57.35
中国中铁股份有限公司	52.48								3.49		55.97
中铁二院工程集团有限责任公司	7.44	2.49	6.95		0.29		0.26	4.87	4.28	9.86	36.43
中铁二局建设有限公司		1.78		4.38	1.61	7.99	9.55	0.34	0.33	4.48	30.46
中铁科学研究院有限公司	1.06									1.86	2.92
总计	1706.66	936.35	804.63	773.30	697.38	684.53	676.88	654.84	621.03	525.89	8081.50

4.6.2 中国交建——布局新能源，打造第二增长曲线

4.6.2.1 集团公司发展现状及转型

中国交通建设股份有限公司（简称中国交建）2006 年由中交集团出资设立，前身是中国路桥和中国港湾。中国路桥为道路及桥梁设计及建设领域的龙头公司，中国港湾则为中国航道建设、航道疏浚的主要力量。中国交建实控人为国资委，下设多家参控股子公司，业务范围涵盖基建建设、基建设计、疏浚业务等，业务足迹遍及境内所有省、市、自治区，港澳特区以及全世界 139 个国家和地区，详见图 4-9。

根据 2022 年年报，中国交建是全球最大的港口、公路和桥梁的设计与建设公司，全球最大的疏浚公司，全国最大的铁路建设企业。

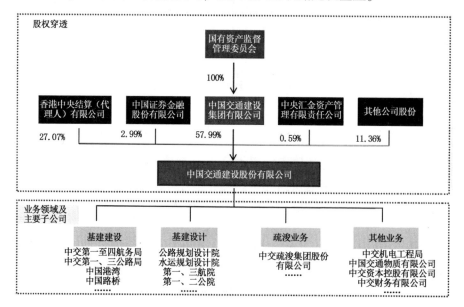

图 4-9 中国交建股权穿透、业务领域及主要子公司

中国交建公告显示，2023 年累计实现新签合同额 17532.15 亿元，同比增长 13.68%。其中，核心业务基建建设新签订合同额 15584.82 亿元，同比增长 14.00%，占比 88.89%。基建设计业务、疏浚业务和其他业务新签订合同额分别为 559.72 亿元、1191.93 亿元和 195.68 亿元，分别同比

增长 1.95%、11.76% 和 43.53%，详见表 4-15。

表 4-15 2023 年中国交建新签合同额统计表

业务分类		金额（亿元）	占比（%）	同比（%）
基建建设业务		15584.82	88.89	14.00
其中	港口建设	845.23	4.82	10.20
	道路与桥梁建设	3490.05	19.91	-2.48
	铁路建设	369.19	2.11	-17.73
	城市建设	7929.08	45.23	16.78
	境外工程	2951.26	16.83	41.45
基建设计业务		559.72	3.19	1.95
疏浚业务		1191.93	6.80	11.76
其他业务		195.68	1.12	43.53
合计		17532.15	100.00	13.68

各业务来自境外地区的新签合同额为 3197.46 亿元，同比增长 47.5%，约占新签合同额的 18.24%。其中，基建建设业务、基建设计业务、疏浚业务和其他业务分别为 2951.26 亿元、31.86 亿元、208.07 亿元和 6.27 亿元。

从近几年看，中国交建业绩持续保持稳定增长，2020—2022 年营业总收入复合增长率为 9.05%。

中国交建持续深耕基建建设主责主业，"大交通"传统主业优势不断巩固，"大城市"领域投资模式不断成熟，"江河湖海"领域践行可持续发展理念不动摇。

城市建设方面，中国交建广泛参与城市轨道交通、建筑、城市综合管网等城市建设，同时，加快生态环保、城市水环境治理等新兴产业布局。2023 年，中国交建在城市建设等项目新签合同额为 7929.08 亿元，同比增长 16.78%，占基建建设业务的 50.9%。

道路与桥梁建设方面，中国交建是中国最大的道路及桥梁建设企业之一，在高速公路、高等级公路以及跨江、跨海桥梁建设方面具有明显的技术优势和规模优势，在全国同行业市场处于领军地位。与中国交建形成竞争的主要是一些大型中央企业和地方国有基建建设企业。2023 年，中国交建在道路与桥梁建设项目新签合同额为 3490.05 亿元，同比下降 2.48%，占基建建设业务的 22.4%。

港口建设方面，中国交建是中国最大的港口建设企业，承建了新中国成立以来绝大多数沿海大中型港口码头，具有明显的竞争优势。2023 年，中国交建在国内港口建设项目新签合同额为 845.23 亿元，同比增长 10.20%，占基建建设业务的 5.4%，详见图 4-10。

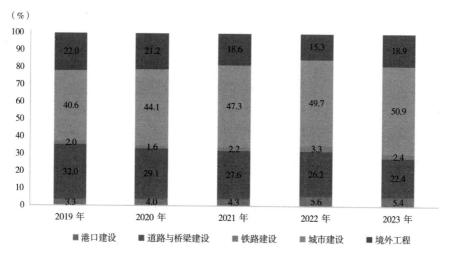

图 4-10　2019—2023 年中国交建基建建设业务各细分业务新签合同额占比对比

拟分拆设计资产上市，打造中交设计品牌

中国交建是中国最大的港口设计企业，同时也是世界领先的公路、桥梁及隧道设计企业，在相关业务领域具有显著的竞争优势。2023 年上半年，中国交建第一次临时股东大会审议通过中交设计板块重组上市方案，计划打造中交设计品牌，充分发挥技术优势，大力拓展高端市场。

具体方案为：中国交建旗下一公院、二公院、公规院拟借壳甘肃祁连山水泥集团股份有限公司（简称祁连山）实现重组上市。分为四步：第一步：中国交建下属公规院、一公院、二公院和中国城乡下属西南院、东北院、能源院等 6 家设计企业各 100% 股权与祁连山 100% 股权进行置换。第二步：祁连山通过向中国交建和中国城乡非公开发行股份补差价。第三步：募集配套资金，发行股本不超过祁连山本次发行前总股本的30%，金额不超过34亿元，用于14个提升科创、管理和生产能力类项目及补充流动资金。第四步：祁连山置出水泥资产、置入设计资产，中国交建成为祁连山控股股东，持股53.88%。此次分拆上市一方面有助于解决部分同业竞争问题，另一方面，资产整合可加强设计业务统筹规划和引领，与中国交建其他业务产生协同效应，提升公司整体价值。

全面布局新能源领域，打造"第二成长曲线"

设立子公司中交海峰风电，布局海风装备和运维业务。中国交建自2008年承建亚洲首个海上风电场——东海大桥海上风电场以来，参建了全国超过一半以上的海上风电场，攻克了一系列关键核心技术，塑造了我国海上风电自主品牌。2022年5月26日，中国交建联合三峡集团、大唐集团、国家能源集团、远景能源等公司组建了中交海峰风电发展股份有限公司（简称中交海峰风电）。该公司业务涵盖海上风电装备研发投资、运营维护、设计咨询、海外风电、"海上风电+"等领域，成立后已陆续在阳江市、莆田市、漳州市、温州市等全国各地开展海上风电勘查、监理、咨询工作。中交海峰风电的成立有利于推动中国交建在海上风电运维业务的区域化与专业化布局，形成有关海域的专业化运维服务方案，抓住海上风电建设机遇向产业链上下游拓展。

母公司落子建筑光伏，电站建设有望放量。2022年6月6日，中交集团控股子公司中交产投与振华重工共同出资设立光伏子公司中交建筑光伏科技有限公司（简称中交光伏），从事新能源电站投运和光伏设备销售等业务。光伏建筑公司的成立，能够提升中国交建在建筑光伏产业的市场竞争能力。

中国交建企业发展举措：拟分拆设计资产上市，打造中交设计品牌；全面布局新能源领域，打造"第二成长曲线"。

4.6.2.2 企业（分）子公司中标情况分析

中国交建含分子公司（不含设计院、投资类公司）共计中标9021.52

亿元，主要在基础设施领域中标金额最多，为 5687.35 亿元，其次是民用建筑领域 2470.85 亿元；在工程局中，中交一公局集团有限公司中标金额最多，为 2207.30 亿元，详见表 4-16。

表 4-16　中国交建含分子公司中标情况

单位：亿元

企业分子公司	基础设施	民用建筑	城乡更新	工业建筑	专业工程	农林建筑	融合发展	总计
中交一公局集团有限公司	1211.53	783.05	114.64	70.35	13.85	13.87		2207.30
中交第二航务工程局有限公司	782.79	335.96	31.28	23.45	13.03			1186.50
中交第二公路工程局有限公司	731.83	156.09	31.81	11.17	8.69		4.15	943.74
中交路桥建设有限公司	650.89	189.73	11.23		8.96			860.81
中交第四航务工程局有限公司	522.56	148.04	75.02	4.12	12.56	2.12		764.42
中交建筑集团有限公司	220.46	385.31	25.67	39.43	3.71	3.10	10.08	687.78
中交疏浚（集团）股份有限公司	379.80	83.63	55.92	2.25		11.52		533.12
中交第一航务工程局有限公司	312.51	140.00	15.00	5.02	9.15	25.74	2.38	509.81
中交第三公路工程局有限公司	326.01	101.12	20.48	1.50	2.22	11.79	3.05	466.18
中交第三航务工程局有限公司	246.78	77.06	51.50	10.12				385.46
中国公路工程咨询集团有限公司	75.21	8.66			9.75	0.53		94.15
中交机电工程局有限公司	39.69	21.17	6.16	3.50	5.75	5.53		81.80

企业分子公司	基础设施	民用建筑	城乡更新	工业建筑	专业工程	农林建筑	融合发展	总计
中国交通建设股份有限公司	73.08	0.73						73.81
中国城乡控股集团有限公司	39.12	14.27		2.75	5.73	2.96		64.82
中交基础设施养护集团有限公司	17.93	21.76	0.49		5.55	2.69		48.41
中国交通建设集团有限公司							47.61	47.61
中交（深圳）工程局有限公司	16.67							16.67
中交（广州）建设有限公司	16.66							16.66
中交轨道交通建设（广州）有限公司	13.83							13.83
中国民航机场建设集团有限公司	8.34							8.34
中交重庆建设有限公司	0.95	4.28						5.23
中京建设集团有限公司			2.11	0.83				2.94
中交第四公路工程局有限公司					1.41			1.41
中国交通信息科技集团有限公司	0.70							0.70
总计	5687.35	2470.85	441.31	174.50	100.37	79.85	67.29	9021.52

中国交建含分子公司（不含设计院、投资类公司）前十省份共计中标5712.37亿元，占集团中标业绩的63.32%，其中在广东省中标金额最多，为993.87亿元，其次是湖北省805.95亿元，详见表4-17。

单位：亿元

表 4-17　中国交建各分子公司在各省份中标情况

企业分子公司	广东	湖北	山东	河南	广西	浙江	重庆	辽宁	江苏	福建	总计
中交一公局集团有限公司	172.25	22.54	226.25	91.27	113.25	101.41	97.93	283.45	112.14	77.80	1298.28
中交第二航务工程局有限公司	91.52	271.22	14.75	35.99	69.74	43.59	63.08	19.39	74.60	86.23	770.12
中交第四航务工程局有限公司	281.35	104.68	8.48	37.79	51.45	59.44	10.99		13.40	21.63	589.22
中交路桥建设有限公司	94.37	29.13	110.36	113.32	52.02	69.24	81.16	8.28	17.47	7.05	582.41
中交第二公路工程局有限公司	60.28	182.85	65.94	37.31	41.63	71.67	33.62	2.23	15.41	4.64	515.58
中交建筑集团有限公司	44.39	1.42	98.74	139.31	34.53	14.47	7.69	19.71	44.74	31.11	436.11
中交第一航务工程局有限公司	40.69	95.26	30.90	23.96	75.42	7.55	4.93	14.47	32.67	11.80	337.65
中交疏浚（集团）股份有限公司	31.27	12.37	43.62	25.15	55.23	20.70	39.35	8.83	23.47	63.60	323.59
中交第三航务工程局有限公司	57.36	13.79	52.12	19.91	16.22	25.48	66.71		34.05	21.65	307.28

续 表

企业分子公司	广东	湖北	山东	河南	广西	浙江	重庆	辽宁	江苏	福建	总计
中交第三公路工程局有限公司	31.73	57.96	80.86	9.97	27.98	31.64	9.23	11.20	5.91	2.58	269.07
中国交通建设股份有限公司	13.83		2.61				21.57			35.07	73.08
中国公路工程咨询集团有限公司	2.39	4.76		0.55		50.24	0.74	0.41	1.72	0.91	61.72
中交机电工程局有限公司	20.70				1.50	13.42	0.95		3.06	2.26	41.89
中国城乡控股集团有限公司	4.59	0.54		13.66	0.64	0.35		14.56			34.33
中交（深圳）工程局有限公司	16.67										16.67
中交（广州）建设有限公司	16.66										16.66
中交基础设施养护集团有限公司		9.23	4.90		0.49						14.62
中交轨道交通建设（广州）有限公司	13.83										13.83

137

续 表

企业分子公司	广东	湖北	山东	河南	广西	浙江	重庆	辽宁	江苏	福建	总计
中交重庆建设有限公司							5.23				5.23
中国民航机场建设集团有限公司		0.19				3.76		0.78			4.74
中京建设集团有限公司			0.26								0.26
总计	993.87	805.95	739.80	548.18	540.11	512.98	443.19	383.31	378.65	366.33	5712.37

4.6.3 中国建筑——以科技驱动业绩增长

4.6.3.1 集团公司发展现状及转型

根据中国建筑股份有限公司（简称中国建筑）公告，中国建筑现为全球最大的工程承包商和投资建设集团之一，位列《财富》世界 500 强第 9 位、中国企业 500 强第 3 位，ENR "中国承包商 250 强"首位，业务遍布国内及海外 100 多个国家和地区，涉及城市建设的全部领域与项目建设的每个环节，在房屋建设领域拥有绝对优势，国内绝大多数的 300 米以上超高层建筑，众多技术含量高、结构形式复杂的建筑均由中国建筑承建。

中国建筑主营业务可分为房屋建筑工程、基础设施建设与投资、房地产投资与开发、勘察设计四大板块。中国建筑重视强化内部资源整合与业务协同，打造规划设计、投资开发、基础设施建设、房屋建筑工程"四位一体"的商业模式，为城市建设提供全领域、全过程、全要素的一揽子服务。此外中国建筑同时高度重视海外业务和建筑科技、电子商务、水务环保、金融业务等新业务的开展，是国内建筑行业的"航空母舰"。中国建筑股权穿透、业务领域及主要子公司等详见图 4-11、图 4-12。

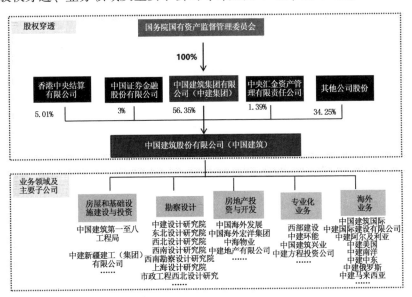

图 4-11 中国建筑股权穿透、业务领域及主要子公司

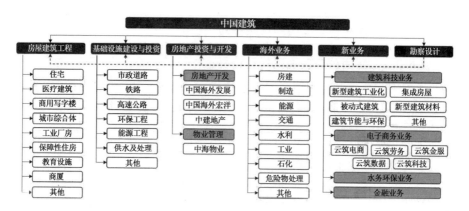

图 4-12 中国建筑细分业务领域

2024 年 1 月 12 日，中国建筑发布 2023 年 1—12 月经营情况简报，简报显示，2023 年中国建筑累计实现新签合同额 43241 亿元，同比增长 10.8%。其中，建筑业务新签合同额 38727 亿元，同比增长 10.6%，占全部新签合同额的 89.56%，详见图 4-13。地产业务合约销售额 4514 亿元，同比增长 12.4%。

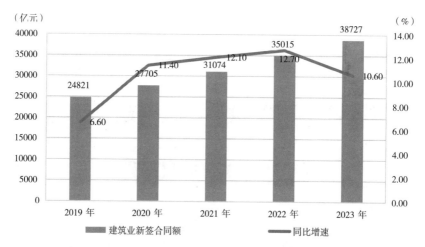

图 4-13 近五年中国建筑年度建筑业务新签合同额情况

建筑业务按地区分布看，境内新签合同额 36973 亿元，同比增长 10.4%；境外新签合同额 1755 亿元，同比增长 15.4%。从五年趋势看，境外业务在疫情间有所下滑，境内业务则稳定增长，详见表 4-18。

表 4-18 2019—2023 年中国建筑的建筑业务新签合同额境内外分布情况

年份	境内新签合同额（亿元）	同比（%）	境外新签合同额（亿元）	同比（%）
2019 年	22991	6.2	1872	13.9
2020 年	25849	12.4	1872	0.0
2021 年	29438	13.9	1636	-12.6
2022 年	33359	13.3	1656	1.2
2023 年	36973	10.8	1755	6.0

2023 年，中国建筑新签订单稳健增长，最主要的房屋建筑业务新签合同额 26894 亿元，同比增长 8.8%，占总业绩的 69.45%，详见表 4-19、图 4-14。从近五年看，中国建筑在房屋建筑领域均增长较为稳定，这得益于公司在超高层建筑、大跨空间结构、快速建造、绿色建造、智慧建造等领域持续增强的核心竞争力。中国建筑投入大量研发费用，在房建领域产生了许多新技术成果，如高层建筑智能化集成平台（造楼机）、首创单塔多笼循环施工电梯、塔吊 5G 远程群控技术、数字化智能钢结构加工生产线、数字化装配式建筑模块生产线等等，不断巩固其在房建领域的绝对优势。

表 4-19 2019—2023 年中国建筑建筑业务各领域新签合同额情况

时间	房屋建筑		基础设施		勘察设计	
	新签合同额（亿元）	同比（%）	新签合同额（亿元）	同比（%）	新签合同额（亿元）	同比（%）
2019 年	19504	16.1	5226	-17.8	131	1.5
2020 年	20779	6.5	6798	30.1	143	9.1
2021 年	22506	8.0	8439	24.1	129	-9.8
2022 年	24728	9.9	10151	20.3	136	5.6
2023 年	26894	8.8	11685	15.1	148	8.8

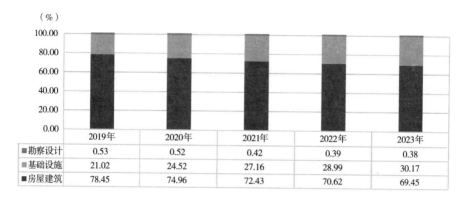

图4-14 近五年中国建筑建筑业务各领域新签合同额占比情况

在基建投资加速的背景下，中国建筑也在积极布局基建领域业务。2023年，基础设施业务新签合同额 11685 亿元，同比增长 15.1%，占总业绩的30.17%。从近五年看，中国建筑在基础设施领域增速虽有放缓趋势，但仍然较高，2020—2023 年间，增速均超过 15%。根据公告，中国建筑在基建业务上持续优化业务转型，2022 年，中标了公路、铁路、机场、生态环保等多细分类型的大型项目，新签合同额首次突破万亿元，实现了业务规模快速增长。

中国建筑在基建领域也加大研发投入，详见图 4-15。组建了 2 个基础设施技术与装备工程研究中心，涉及核电工程、城市轨道交通工程等领域；自主研发了国内首个无人化（UBF）梁厂，融合人工智能等技术，实现全过程自动流水化作业；"跨座式单轨桥跨结构优化设计及施工关键技术"整体达到国际领先水平；等等。

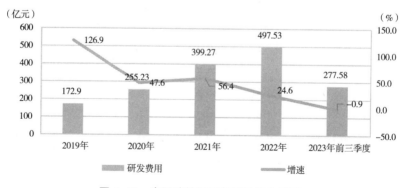

图4-15 中国建筑近五年研发投入情况

4.6.3.2 企业（分）子公司中标情况分析

中国建筑含分子公司（不含设计院、投资类公司）共计中标 17762.34 亿元，主要在基础设施领域中标金额最多，为 10774.49 亿元，其次是民用建筑领域 4450.45 亿元；在工程局中中国建筑第八工程局有限公司中标金额最多，为 4248.74 亿元，详见表 4-20。

表 4-20 中国建筑含分子公司中标情况

单位：亿元

企业分子公司	基础设施	民用建筑	城乡更新	工业建筑	专业工程	农林建筑	融合发展	总计
中国建筑第八工程局有限公司	2554.25	913.64	445.00	193.09	104.80	12.60	25.37	4248.74
中国建筑第三工程局有限公司	2392.19	1168.95	141.37	112.66	67.70	36.41	11.95	3931.23
中国建筑第五工程局有限公司	1041.00	388.79	31.10	60.93	38.67	14.94	0.54	1575.96
中国建筑第二工程局有限公司	976.32	388.94	36.56	105.92	41.71	5.13	0.58	1555.16
中国建筑一局（集团）有限公司	781.48	285.59	61.73	168.63	35.24	4.02	8.66	1345.34
中国建筑第七工程局有限公司	752.62	231.94	230.43	16.53	7.52	6.55	6.00	1251.60
中国建筑第四工程局有限公司	830.45	187.11	15.95	53.12	13.44	11.15	2.72	1113.93
中国建筑第六工程局有限公司	684.46	219.28	43.66	51.94	14.78	38.56	12.79	1065.49

续　表

企业分子公司	基础设施	民用建筑	城乡更新	工业建筑	专业工程	农林建筑	融合发展	总计
中建科工集团有限公司	317.29	28.56	11.64	18.31	20.73			396.53
中国建筑股份有限公司	1.20	295.10			3.06			299.35
中建新疆建工（集团）有限公司	186.81	68.91	1.68	1.13	2.75	3.56	1.36	266.21
中建安装集团有限公司	33.94	77.55	11.51	15.10	37.03			175.14
中建港航局集团有限公司	35.09	81.64	2.09	5.54	6.67	1.13	0.90	133.06
中国建筑装饰集团有限公司	25.76	8.49	1.93		77.35			113.53
中国建设基础设施有限公司	16.31	82.97	5.68			0.90		105.86
中建科技集团有限公司	66.21	7.38	0.53		2.43			76.55
中建国际建设有限公司	55.08	6.55		5.38	2.84			69.85
中建电力工程（深圳）有限公司	11.98	5.05			2.39			19.42
中建－大成建筑有限责任公司	12.06							12.06
中建生态环境集团有限公司		2.24				3.33		5.57
中建环能科技股份有限公司		1.77						1.77
总计	10774.49	4450.45	1040.86	808.28	479.10	138.28	70.86	17762.34

中国建筑含分子公司（不含设计院、投资类公司）前十省份共计中标
12556.65 亿元，占集团中标业绩的 70.69%，其中在广东省中标金额最多，
为 2671.76 亿元，其次是山东省 2328.10 亿元，详见表 4-21。

表4-21 中国建筑各分子公司在各省份中标情况

单位：亿元

企业分子公司	广东	山东	河南	湖北	江苏	四川	陕西	福建	安徽	浙江	总计
中国建筑第八工程局有限公司	739.70	1026.05	232.29	67.22	293.33	95.65	240.46	59.75	176.37	146.50	3077.31
中国建筑第三工程局有限公司	548.10	300.20	166.93	999.86	303.09	234.79	173.96	68.64	60.27	190.03	3045.88
中国建筑第五工程局有限公司	332.78	135.22	181.42	60.59	49.55	82.91	52.55	37.54	70.76	35.67	1039.01
中国建筑第七工程局有限公司	53.85	39.60	423.49	7.25	57.44	88.59	48.27	281.99	16.97	9.44	1026.90
中国建筑第二工程局有限公司	236.64	179.71	143.95	18.14	163.36	49.48	27.20	25.99	105.65	33.32	983.44
中国建筑第六工程局有限公司	25.28	182.73	175.41	87.80	70.67	58.24	62.20		57.64	32.40	752.38
中国建筑第四工程局有限公司	248.94	41.10	21.54	15.14	40.20	24.96	57.56	130.79	101.04	48.41	729.69
中国建筑一局（集团）有限公司	138.31	176.55	92.94	50.10	93.81	55.06	42.73	2.52	21.94	31.88	705.85
中建科工集团有限公司	176.47	11.32		25.21	28.12	5.14	26.30	40.73	3.40	25.57	342.25
中建新疆建工（集团）有限公司	21.77	74.29	22.98		12.51	22.19	36.61			7.36	197.72
中国建筑股份有限公司	11.95	73.99				87.06	5.26	4.98			183.24
中建安装集团有限公司	18.20	6.14	1.30	2.46	30.38	6.29	14.60	2.30	6.65	0.92	89.23
中建港航局集团有限公司		49.16	9.55	3.41	10.71			0.78	4.42	10.99	89.02

续 表

企业分子公司	广东	山东	河南	湖北	江苏	四川	陕西	福建	安徽	浙江	总计
中国建筑装饰集团有限公司	36.23	3.41	1.17	2.31	2.41	12.37	9.55		5.55	7.41	80.42
中国国际建设有限公司		5.87			63.30						69.17
中国建设基础设施有限公司	40.63	13.06		5.68	9.73						69.10
中建科技集团有限公司	37.63				0.78		10.94				49.36
中建电力工程（深圳）有限公司	5.26	8.66	2.39								16.31
中建生态环境集团有限公司		0.42			4.44	-0.71					5.57
中建一大成建筑有限责任公司		0.60						2.43			3.03
中建环能科技股份有限公司				1.07						0.70	1.77
总计	2671.76	2328.10	1475.35	1346.24	1233.85	823.43	808.21	658.45	630.66	580.60	12556.65

4.6.4 中国铁建——打造绿色环保业务为新增长点

4.6.4.1 集团公司发展现状及转型

中国铁建是全球最具实力和规模的特大型综合建设集团之一，以工程承包为主业，前身是铁道部工程指挥部，现控股股东为中国铁道建筑集团，实控人为国资委，已逐渐发展成为国务院国有资产监督管理委员会管理的特大型建筑企业。中国铁建在 2022 年《财富》世界 500 强企业中排名第 39 位，在 ENR 全球 250 家最大承包商中排名第 3 位，在中国企业 500 强中排名第 11 位。

中国铁建构建起以工程承包为核心的"8+N"产业发展格局。近年来，中国铁建以工程承包业务为基础向投资运营、绿色环保、房地产开发等上下游领域延伸，并发展起规划设计咨询、工业制造、物资物流、产业金融等相关产业，同时积极培育城市运营、文旅康养、信息技术、新材料等"N"个新兴产业，形成了"8+N"产业发展格局。其中，工程承包、投资运营、绿色环保等工程承包产业 2022 年实现营收 9647.2 亿元，占总营收比重为 82.6%，是中国铁建的基础和核心业务。中国铁建股权穿透及业务领域见图 4-16。

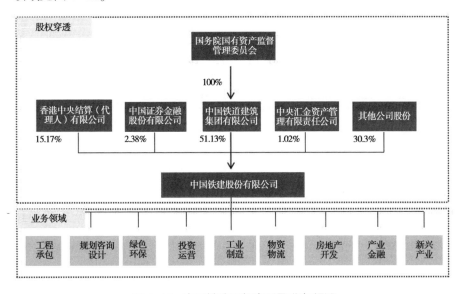

图 4-16　中国铁建股权穿透及业务领域

2024 年 1 月 25 日，中国铁建发布 2023 年第四季度主要经营数据公告，报告显示，2023 年中国铁建累计实现新签订合同额 32938.7 亿元，同比增长 1.51%。其中，境内业务新签合同额 30410.2 亿元，占新签合同总额的 92.32%，同比增长 3.47%。

从产业类型看，中国铁建工程承包新签订合同额 20269.5 亿元，同比增长 8.82%；投资运营新签合同额 5705.8 亿元，同比下降 24.05%；绿色环保新签合同额 2559.5 亿元，同比增长 34.24%。三者共占 2023 全年业绩的 86.63%，详见表 4-22。

表 4-22　2023 年中国铁建新签合同额统计表

产业类型	新签项目数量（个）	新签合同额（亿元）	同比（%）
工程承包	5622	20269.5	8.82
投资运营	395	5705.8	-24.05
绿色环保	465	2559.5	34.24
规划设计咨询	10181	296.8	0.78
工业制造	—	417.5	11.88
房地产开发	—	1236.9	-5.81
物资物流	—	2164.3	-3.77
产业金融	—	108.8	-4.62
新兴产业	—	179.6	196.98
合计	—	32938.7	1.51

2023 年前三季度，中国铁建工程承包各细分领域中，除了铁路工程、公路工程、市政工程、矿山开采和电力工程同比减少外，其他 5 个细分领域均为增长。增长最高的是水利水运工程，达到 35.88%，主要原因是紧跟国家水网建设规划，不断强化防洪、水资源、水土保持及生态建设等项目承揽。此外，增长较好的还有城市轨道工程和其他工程，增速均超过 20%，详见表 4-23。

表 4-23　中国铁建工程承包各业务新签合同额统计表

业务类型	2023 年前三季度新签合同额（亿元）	占比（%）	同比（%）	情况说明
铁路工程	1397.7	9.27	-21.11	—
公路工程	2383.0	15.81	-0.61	—
城市轨道工程	561.5	3.73	21.76	—
房建工程	6549.2	43.45	7.84	—
市政工程	1899.2	12.60	-28.65	—
矿山开采	235.6	1.56	-35.47	总体规模较小，出现波动属于正常现象。
水利水运工程	526.9	3.50	35.88	同比增幅较大的主要原因是坚持紧跟国家水网建设规划，不断强化防洪、水资源、水土保持及生态建设等项目承揽，订单实现较快增长。
机场工程	52.5	0.35	5.26	—
电力工程	701.0	4.65	-7.33	—
其他工程	766.3	5.08	21.16	—
合计	15072.9	100.00	-3.11	—

　　房建工程是中国铁建工程承包业务的最大板块。2023 年前三季度新签合同额 6549.2 亿元，同比增长 7.84%，占工程承包业务的 43.45%，详见图 4-17。中国铁建把握棚改、旧改、保障房建设等机遇，实现了房建工程的持续增长，2016—2022 年房建工程复合年均增长率达到 35.4%。

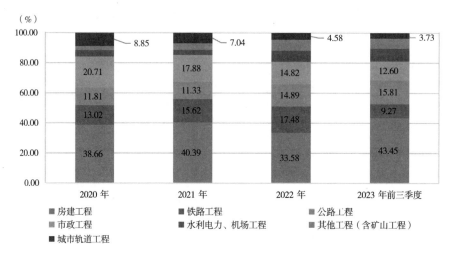

图 4-17　近四年中国铁建基础设施各细分领域新签合同额占比情况

密集布局绿色环保板块，着力打造新的增长点

从增速看，近两年，主要是水利工程增长明显，2023 年前三季度，水利水运工程增长 35.88%，这主要源自中国铁建积极响应国家规划号召，紧跟国家水网建设规划，强化防洪、水资源、水土保持及生态建设等项目承揽，订单实现快速增长。2022 年 4 月，中国铁建联合中信集团、中国雄安新区科技企业共同设立中碳基础设施产业发展有限公司，致力于提供城市绿色低碳方案更新、城市碳治理平台建设等服务。2023 年 1 月，中国铁建成立新兴业务总部，对水利、电力、新能源等具有较大潜力的新兴业务进行研究布局、高端对接、统筹协调和推进落实。

中国铁建企业发展举措：传统领域公路和房建仍旧保持，大力拓展绿色环保、电力等新兴产业，以抽水蓄能和海上风电市场开发为突破口，加快进军水电、风电等领域。

4.6.4.2　企业（分）子公司中标情况分析

中国铁建含分子公司（不含设计院、投资类公司）共计中标 13796.50 亿元，主要在基础设施领域中标金额最多，为 6676.42 亿元，其次是民用建筑领域 5032.01 亿元；在工程局中中铁十一局集团有限公司中标金额最多，为1549.48亿元，详见表4-24。

表4-24 中国铁建含分子公司中标情况

单位：亿元

企业分子公司	基础设施	民用建筑	城乡更新	专业工程	农林建筑	工业建筑	融合发展	总计
中铁十一局集团有限公司	833.40	560.83	67.75	55.02	6.95	20.08	5.45	1549.48
中铁十五局集团有限公司	263.92	713.82	209.15	9.27	7.80	79.15	0.72	1283.83
中铁十二局集团有限公司	614.83	299.17	86.52	91.76	1.52	3.80	14.52	1112.12
中铁十八局集团有限公司	485.80	195.89	205.16	66.17	107.00		20.42	1080.45
中铁十四局集团有限公司	608.77	216.24	70.55	20.72		8.60	0.53	925.40
中国铁建大桥工程局集团有限公司	446.82	369.73	26.34	7.90		17.27		868.06
中铁十六局集团有限公司	527.65	203.27	24.94	1.55	10.00	3.25		770.65
中铁二十四局集团有限公司	434.43	204.64	98.65	3.41				741.12
中铁十七局集团有限公司	425.79	163.16	59.16	4.38	3.45	1.26		657.20
中铁二十三局集团有限公司	218.53	363.58	44.78	0.75	15.52	5.36		648.53
中铁建设集团有限公司	132.68	353.35	107.18	14.90	4.01	2.72	26.50	641.34
中铁十九局集团有限公司	309.12	164.40	49.03	3.01	6.12	4.22	18.15	554.04
中铁二十一局集团有限公司	279.51	235.93	23.00	2.87	0.56	2.96		544.82

企业分子公司	基础设施	民用建筑	城乡更新	专业工程	农林建筑	工业建筑	融合发展	总计
中铁城建集团有限公司	31.69	275.54	67.74	12.52	43.20	10.26		440.96
中铁二十二局集团有限公司	255.39	179.58	3.78					438.75
中铁二十五局集团有限公司	265.09	114.50	38.35	2.07		6.40		426.41
中国铁建电气化局集团有限公司	221.77	154.84	3.50	44.23			1.60	425.95
中国铁建港航局集团有限公司	180.76	29.17	18.81			8.78	1.16	238.68
中铁二十局集团有限公司	26.08	93.99			9.58			129.64
中铁建华东建设发展有限公司	17.59	71.32						88.91
中铁建发展集团有限公司	48.40	25.81	9.14					83.35
中国铁建股份有限公司	32.65			37.01			6.14	75.80
中铁建城市开发有限公司		30.52						30.52
中铁建华南建设有限公司	8.51	6.33						14.85
中铁海峡建设集团有限公司				12.01				12.01
四川融城广厦建设发展有限公司		6.41						6.41

企业分子公司	基础设施	民用建筑	城乡更新	专业工程	农林建筑	工业建筑	融合发展	总计
中国铁建国际集团有限公司	3.64							3.64
中铁建（无锡）工程科技发展有限公司	3.58							3.58
总计	6676.42	5032.01	1213.53	389.54	215.70	174.11	95.19	13796.50

中国铁建含分子公司（不含设计院、投资类公司）前十省份共计中标 8749.11 亿元，占集团中标业绩的 63.42%，其中在河南省中标金额最多，为 1304.06 亿元，其次是山东省 1277.02 亿元，详见表 4-25。

表4-25 中国铁建各分子公司在各省份中标情况

单位：亿元

企业分子公司	河南	山东	湖北	云南	广东	浙江	江苏	陕西	河北	广西	总计
中铁十一局集团有限公司	101.65	53.23	382.86	216.31	97.27	97.00	52.17	39.22	27.54	0.90	1068.15
中铁十五局集团有限公司	426.10	45.65	32.89	59.22	51.10	87.40	44.46	31.07	188.98	27.42	994.31
中铁十四局集团有限公司	89.04	299.90	19.21	30.85	72.84	51.78	39.83	87.38	8.62	23.90	723.35
中铁十二局集团有限公司	46.62	75.33	123.62	36.50	213.78	26.06	50.46	90.07	42.24	8.02	712.70
中铁十八局集团有限公司	25.18	47.15	264.44	48.25	111.62	64.32	1.66	44.95	34.22	7.66	649.44
中铁十六局集团有限公司	48.38	25.50	1.67	108.47	67.17	90.79	71.94	7.61	34.90	81.36	537.78
中国铁建大桥工程局集团有限公司	60.23	25.81	68.18	51.76	28.87	8.59	135.06	26.82	4.61	67.99	477.92
中铁二十三局集团有限公司	34.84	151.82	33.95	122.88	5.58	0.95		73.47	18.05	9.92	451.47
中铁建设集团有限公司	41.00	80.33	45.16	41.31	73.07	42.86	24.55	25.94	36.40	18.46	429.09
中铁二十四局集团有限公司	24.71	33.99	66.53	108.33	3.77	39.46	32.67		3.42	73.45	386.32
中铁十九局集团有限公司	114.48	58.62	76.20	11.21	37.40	21.13	30.48	0.70	4.73	3.00	357.95
中铁十七局集团有限公司	122.84	29.80		42.73	74.83	15.21	9.77	2.20	53.05		350.43
中铁二十二局集团有限公司	22.41	27.79	42.70	42.23	53.36	29.24	2.58	2.22	42.92		265.44
中铁二十五局集团有限公司	18.89	54.76	10.82	47.82	70.31		4.80	9.17	3.09	42.27	261.92
中铁城建集团有限公司	10.71	72.21	6.68	2.37	22.40		8.45	25.18	3.53	87.32	238.85
中铁二十一局集团有限公司	54.63	94.77	7.65	8.34	0.73	25.04		32.70	5.07	9.90	231.18
中国铁建港航局集团有限公司	15.01	80.47	7.65	3.66	27.32	14.49	32.51		1.48	15.54	198.13

续 表

企业分子公司	河南	山东	湖北	云南	广东	浙江	江苏	陕西	河北	广西	总计
中国铁建电气化局集团有限公司	36.39		6.75	26.06	26.71	46.83		15.82	1.71	10.54	170.81
中铁二十局集团有限公司	1.81			92.18			20.92				114.90
中铁建发展集团有限公司	9.14	19.91		19.79				3.45		15.88	68.17
中铁建城市开发有限公司			30.52								30.52
中铁建华南建设有限公司					14.85						14.85
中国铁建股份有限公司					8.51			3.34			11.86
中铁建（无锡）工程科技发展有限公司							3.58				3.58
总计	1304.06	1277.02	1219.85	1120.23	1061.50	661.15	565.90	521.32	514.56	503.52	8749.11

4.6.5 中国电建——重组资产加速新能源"投建营"一体化战略转型

4.6.5.1 集团公司发展现状及转型

中国电力建设股份有限公司（简称中国电建）前身为中国水利水电建设股份有限公司，于 2009 年 11 月 30 日由中国水利水电建设集团公司和中国水电工程顾问集团公司共同发起设立，2011 年，在上海证券交易所主板挂牌上市。中国电建定位为特大型综合性工程建设企业集团，位居 2022 年《财富》世界 500 强第 100 位，实现连续十年排名上升；在 2022 年 ENR 全球工程设计公司 150 强中排名第一，连续三年蝉联榜首；在 2022 年 ENR 全球承包商 250 强和国际承包商 250 强排名中分别位列第 5 位、第 6 位，两项排名在电力行业领域均居全球第一。

中国电建业务涵盖工程承包与勘察设计、电力投资与运营、设备制造与租赁及其他业务，形成了"懂水熟电"的核心优势和规划、勘察、设计、施工、运营、装备制造和投融资等全产业链服务能力，是全球清洁低碳能源、水资源与环境建设的引领者，详见图 4-18。

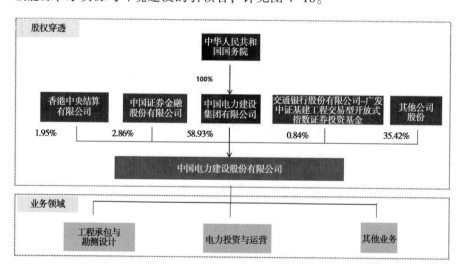

图 4-18　中国电建股权穿透及业务领域

2023 年，中国电建完成新签合同额 11428.44 亿元，同比增长

13.24%，以能源电力、水资源与环境、基础设施业务为三大主业，新签合同金额分别为 6167.74 亿元、1547.99 亿元、3360.25 亿元，占比分别为 53.97%、13.55%、29.40%，详见表 4-26。

表 4-26　2023 年中国电建各业务新签合同额统计表

业务类型	新签项目数量（个）	新签合同金额（亿元）	同比（%）
能源电力	4590	6167.74	36.17
水资源与环境	1148	1547.99	-12.38
基础设施	1566	3360.25	-5.77
其他	913	352.46	53.40
合计	8217	11428.44	13.24

从近几年各领域的占比趋势看，能源电力业务的份额有明显增长，基础设施份额有明显下降，水资源与环境业务份额近两年相对保持稳定。各业务份额占比的变化与其相关业务的增速趋势基本一致，详见图 4-19。能源电力业务份额占比增多，对应的其领域内光伏发电、风电及抽水蓄能业务近两年增速迅猛。中国电建积极响应国家"3060"双碳战略，发挥能源电力领域规划设计传统优势，抢抓新能源和抽水蓄能开发资源，积极获取新能源和抽水蓄能建设任务，目前中国电建已成为抽水蓄能领域的重要主力。

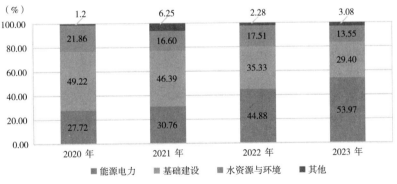

图 4-19　近四年中国电建各业务新签合同占比情况

从 2023 年上半年看各大板块的细分领域增速情况，排第一的是能源电力板块的抽水蓄能电站业务，上半年新签合同额为 492.82 亿元，增速达到 279.39%；其次是水资源与环境板块的水利业务，新签合同额 618.21 亿元，增速达到 101.25%；第三是能源电力板块的光伏发电业务，新签合同额 1518.27 亿元，增长 62.96%，详见表 4-27。由此可见，新能源是中国电建 2023 年上半年的主要增长点。

表 4-27　近三年中国电建新签合同额统计表

业务分类		2021 年		2022 年		2023 年 1—6 月	
		金额（亿元）	同比（%）	金额（亿元）	同比（%）	金额（亿元）	同比（%）
能源电力		2400.00	28.60	4529.43	88.76	3181.76	40.46
其中	光伏发电业务	379.80	84.20	1936.48	409.88	1518.27	62.96
	风电业务	865.20	29.80	1455.39	68.21	638.88	-12.61
	常规水电	620.40	-5.70	347.87	-43.93	158.89	-13.01
	抽水蓄能电站	202.40	342.90	243.45	20.27	492.82	279.39
水资源与环境		1295.00	-12	1766.72	36.40	1020.62	-18.35
其中	水环境治理业务	546.00	-36.50	1175.56	115.32	402.41	-57.32
	水利业务	749.30	22.30	591.17	-21.11	618.21	101.25
基础设施		3620.00	9.20	3565.95	-1.50	1688.89	-21.90
其他业务		487.83	—	229.76	-52.90	145.03	54.63
合计		7802.83	15.91	10091.86	29.34	6036.31	4.59

拓展绿色砂石特色业务，完成抢滩布局

近年来国家加快生态文明建设，建材产业市场加快转型绿色、环保、规模化。中国电建积极拓展绿色砂石新业务市场，加快打造绿色砂石全产业链，塑造供应链，截至 2022 年末，中国电建已获取绿色砂石项目采矿权共计 22 个，已进入运营期的绿色砂石项目共计 7 个，绿色砂石资源储量达到 85.68 亿吨，设计年产能为 4.69 亿吨，投资规模为 1003.67 亿元，提前实现"十四五"规划目标。

重组成立电建新能源集团，推进清洁能源"投建营"一体化

2021 年 12 月，中国电建重组旗下中国水电工程顾问集团有限公司与中国水电建设集团新能源开发有限责任公司，并整合吸收中国电建其他控股新能源项目公司成立中电建新能源集团。定位为中国电建旗下唯一从事新能源投资开发业务的投资平台公司，主要从事以新能源为主的清洁低碳能源项目的投资开发和运营管理，致力于成为质量效益型一流新能源投资运营企业。组建电建新能源集团有望充分发挥"投建营"一体化优势，推动中国电建电力投资与运营业务加速发展。

> 中国电建企业发展举措：由能源建设延伸至运营领域，重组资产加速"投建营"一体化战略转型；积极拓展绿色砂石特色业务，完成抢滩布局。

4.6.5.2 企业（分）子公司中标情况分析

中国电建含分子公司（不含设计院、投资类公司）共计中标 5089.36 亿元，主要在基础设施领域中标金额最多，为 3550.84 亿元，其次是民用建筑领域 827.44 亿元；在工程局中中国水利水电第十四工程局有限公司中标金额最多，为 367.64 亿元，详见表 4-28。

表 4-28 中国电建含分子公司中标情况

单位：亿元

企业分子公司	基础设施	民用建筑	专业工程	城乡更新	工业建筑	农林建筑	融合发展	总计
中国水利水电第十四工程局有限公司	305.90	10.44	49.94			1.36		367.64
中国水利水电第四工程局有限公司	271.09	86.37	7.06					364.51
中国水利水电第七工程局有限公司	300.90	10.93	11.12		2.90	1.86		327.71
中国水利水电第十一工程局有限公司	215.27	72.42	8.43		0.52	0.27	2.42	299.32
中国水利水电第六工程局有限公司	158.15	63.97	33.81	7.19		0.45		263.56
中国水利水电第三工程局有限公司	190.62	37.91	2.25	6.05	1.30	6.76		244.89

续 表

企业分子公司	基础设施	民用建筑	专业工程	城乡更新	工业建筑	农林建筑	融合发展	总计
中电建路桥集团有限公司	80.80	103.68		7.24		6.39	7.29	205.39
山东电力建设第三工程有限公司	96.35	91.45	15.55					203.35
中国水利水电第八工程局有限公司	117.38	23.39	28.38	0.86	27.23		1.28	198.53
中国电建市政建设集团有限公司	82.80	35.26	4.50	61.93		1.67		186.17
中国水利水电第五工程局有限公司	141.85	20.54	2.32	9.30	3.10	1.90		179.01
中国电建集团核电工程有限公司	96.88	18.62	12.59	48.42				176.52
中国水利水电第九工程局有限公司	154.71	7.25	1.53	1.56	10.81			175.85
中国电建集团山东电力建设有限公司	69.27		19.21	41.77	20.52			150.77
上海电力建设有限责任公司	122.74	0.90	21.93		3.20			148.76
中国电建集团河北工程有限公司	114.22	8.10	15.46					137.78
中国电建集团山东电力建设第一工程有限公司	76.30	32.74	19.49					128.53

企业分子公司	基础设施	民用建筑	专业工程	城乡更新	工业建筑	农林建筑	融合发展	总计
中国电建集团湖北工程有限公司	95.71	5.87	12.13	0.73				114.43
中国电建集团江西省水电工程局有限公司	83.48	6.26	9.20		0.83	2.04		101.81
中电建建筑集团有限公司	8.10	60.60		20.88		7.50		97.08
中国电建集团重庆工程有限公司	77.58	0.58	7.67			3.00	2.00	90.82
中国电建集团贵州工程有限公司	82.70		4.05					86.75
中国水利水电第一工程局有限公司	64.48	12.32	2.14			6.67		85.62
中国电建集团江西省电力建设有限公司	72.41		9.43		3.07			84.91
中国水利水电第十六工程局有限公司	45.18	17.60	3.75	15.23				81.76
中国水电建设集团十五工程局有限公司	31.82	26.98	1.94	18.71	0.86			80.31
中国水电基础局有限公司	61.28	10.32	1.03	0.63		2.89		76.14
中国电力建设股份有限公司	75.80							75.80

续　表

企业分子公司	基础设施	民用建筑	专业工程	城乡更新	工业建筑	农林建筑	融合发展	总计
中国水利水电第十二工程局有限公司	64.27	5.61	3.03	2.15				75.05
中国电建集团港航建设有限公司	61.63	6.22		1.50				69.35
中国电建集团河南工程有限公司	32.11	23.83	12.17					68.12
中国水利水电第十工程局有限公司	39.32	19.06	1.54			1.97	0.70	62.59
中电建生态环境集团有限公司	43.97							43.97
中国电建集团航空港建设有限公司	13.43	8.23	5.64	2.68				29.98
湖北省电力装备有限公司	1.14		3.00					4.14
中国电建集团长春发电设备有限公司			1.24					1.24
河北电力装备有限公司	1.20							1.20
总计	3550.84	827.44	331.51	246.83	74.33	44.72	13.69	5089.36

中国电建含分子公司（不含设计院、投资类公司）前十省份共计中标3424.37亿元，占集团中标业绩的67.28%，其中在广东省中标金额最多，为896.98亿元，其次是山东省456.06亿元，详见表4-29。

表4-29 中国电建各分子公司在各省份情况

单位：亿元

企业分子公司	广东	山东	重庆	四川	湖北	新疆	河南	河北	云南	甘肃	总计
中国水利水电第十四工程有限公司	102.40	16.92	22.92	17.96	68.23	6.78	6.39	2.85	70.51	2.16	317.13
中国水利水电第七工程局有限公司	144.93		45.05	75.69					3.88	4.40	273.95
中国水利水电第十一工程有限公司	79.24	1.97		24.07	1.75	26.22	124.68	14.87	0.62		271.46
中国水利水电第四工程局有限公司	85.89	5.88	44.64	2.96	0.60	67.03		32.03	6.41	28.84	270.37
中国水利水电第六工程局有限公司	84.75	112.06	29.29	3.05	33.81	11.38			8.04	10.57	186.79
山东电力建设第三工程有限公司	23.55				5.42	8.28		12.97	3.68	0.72	166.68
中电建路桥集团有限公司	33.94	23.90	17.06	64.83			2.15	13.16	2.69	0.46	158.20
中国水利水电第五工程有限公司	14.58		49.06	50.95	12.34	2.83	5.28			4.46	139.50
中国水利水电第八工程局有限公司	34.75			1.37	61.47	5.18		21.72	15.14	1.12	139.37
中国水利水电第三工程局有限公司	31.78	2.00	41.43		2.68	3.20	23.53	4.33		25.65	135.98

续 表

企业分子公司	广东	山东	重庆	四川	湖北	新疆	河南	河北	云南	甘肃	总计
中国电建集团核电工程有限公司	9.45	93.94	1.20			16.12	5.07	7.01	0.82	1.07	134.67
中国电建集团山东电力建设有限公司		71.32	8.67	3.56		8.56	1.46	1.53	6.80	21.01	122.91
中国电建集团河北工程有限公司		6.90		2.30		15.62		77.79	1.04	4.46	108.12
中国水利水电第九工程局有限公司	21.09	4.84		2.25	8.05				61.89		98.12
中国电建集团湖北工程有限公司		4.99	2.56		52.14	10.90				17.00	87.59
中国电建集团山东电力建设第一工程有限公司	12.95	39.10				12.66	18.57			2.03	85.29
中国电建市政建设集团有限公司	45.68	28.20		3.22			3.00	3.58			83.67
上海电力建设有限责任公司	5.18	3.86		7.18		6.86		1.24	3.51	40.78	68.61
中国水电建设集团十五工程局有限公司	15.88				9.47	30.06				0.46	55.88

续　表

企业分子公司	广东	山东	重庆	四川	湖北	新疆	河南	河北	云南	甘肃	总计
中国水利水电第一工程局有限公司	23.37	6.94				13.99		0.67	6.56		51.53
中电建建筑集团有限公司		23.60		0.77			17.11	6.18			47.67
中国电力建设股份有限公司	8.64		37.00								45.64
中电建生态环境集团有限公司	41.70							0.83			42.53
中国水利水电第十工程局有限公司			25.74	9.88	1.90	4.38					41.90
中国电建集团港航建设有限公司	16.37		7.42		5.28		8.21	1.78	1.50		40.57
中国电建集团江西省水电工程局有限公司	20.16	1.84			3.77	6.77	1.13	2.68	1.11	2.36	39.81
中国电建集团河南工程有限公司	4.10	0.77				2.56	19.48			12.18	39.09
中国电建集团重庆工程有限公司			2.32	1.89		6.51		21.00	2.17		33.89

续 表

企业分子公司	广东	山东	重庆	四川	湖北	新疆	河南	河北	云南	甘肃	总计
中国电建集团航空港建设有限公司	20.17								5.64		25.81
中国水利水电第十二工程局有限公司		5.61		8.25	7.12	4.53					25.50
中国水电基础局有限公司	2.00	1.44	10.32	0.83		0.90	1.28	7.93			24.71
中国水利水电第十六工程局有限公司			3.75	10.07					10.81		24.62
中国电建集团贵州工程有限公司	9.19			7.00		1.71	0.85		3.45		22.20
中国电建集团江西省电力建设有限公司	4.64							1.96		1.46	8.06
湖北省电力装备有限公司					1.14		3.00				4.14
中国电建集团长春发电设备有限公司	0.58		0.66								1.24
河北电力装备有限公司								1.20			1.20
总计	896.98	456.06	349.10	298.10	275.17	273.03	241.20	237.29	216.26	181.18	3424.37

4.6.6 中国中冶——冶金工程受益双碳政策,"氢冶金+智能改造"引领未来

4.6.6.1 集团公司发展现状及转型

中国冶金科工股份有限公司(简称中国中冶)于 2008 年 12 月由中冶集团发起设立,并于 2009 年 9 月在上海、香港两地上市,是隶属于国务院国有资产监督管理委员会的特大型建筑央企之一。中国中冶是全球最大最强的冶金建设承包商和冶金企业运营服务商,是国内市场份额最大、经营历史最久、专业设计能力最强的冶金工程承包商,在我国冶金工业建设领域具有领导地位。中国中冶在 2022 年 ENR 发布的全球承包商 250 强排名中第 6 位,业务覆盖冶金建设、房建基建、房地产开发、装备制造、资源开发等多个领域。

中国中冶以冶金为核心,积极向非冶金领域及其他领域扩张,推动"四梁八柱"产业体系优化调整,形成了以冶金建设、工程承包、新兴产业、综合地产四大业务板块为"四梁",以冶金工程与运营服务、矿山工程与运营服务、核心装备与钢结构、房屋建筑及城市更新、交通市政与其他工程、生态环保与文旅工程、新能源与矿产资源开发、绿色健康智慧地产为"八柱"的业务布局。中国中冶股权穿透及业务领域详见图 4-20。

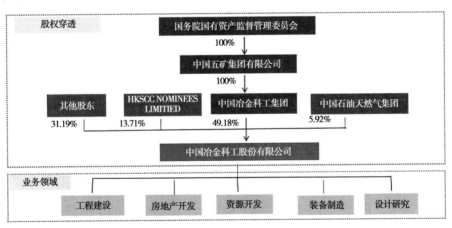

图 4-20 中国中冶股权穿透及业务领域

2023 年,根据公司公告,中国中冶累计实现新签合同额 14247.8 亿元,同比增长 5.9%。近五年看,中国中冶业绩稳步增长。2019—2023 年

间，中国中冶新签合同额年均复合增长率达到 19.49%，详见图 4-21。

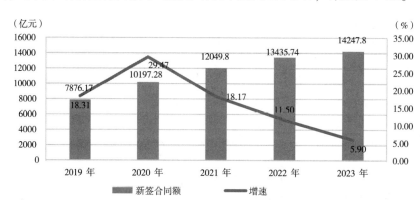

图 4-21 近五年中国中冶新签合同额及增速情况

中国中冶以工程承包为主要业务板块，2023 年上半年工程承包新签合同额 6979.91 亿元，占中国中冶全部新签合同额的 96.69%。营收方面，2023 年上半年工程承包业务创造营收 3177.51 亿元，占比 95.00%。从近几年趋势看，工程承包业务逐年增长，且增速较好，2023 年上半年其营收增速达 17.34%。工程承包细分领域增长最好的是房屋与建筑工程，中国中冶在高端房建方面，大规模发展标志性建筑、大型城市综合体等高技术含量、高附加值、具有较高影响力的房屋建筑工程业务，真正实现向建筑业务的高端转型，详见图 4-22、表 4-30。2023 年上半年，海外市场持续发力，中国中冶在"一带一路"共建国家新签了诸如柬埔寨环海铂莱国际酒店等多个高端房建项目。

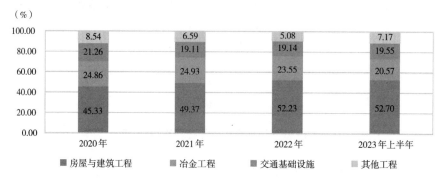

图 4-22 近四年中国中冶工程承包业务营业收入各细分领域占比情况

表4-30 近四年中国中冶各板块业务营业收入统计表

业务分类			2020年		2021年		2022年		2023年上半年	
			金额（亿元）	同比（%）	金额（亿元）	同比（%）	金额（亿元）	同比（%）	金额（亿元）	同比（%）
工程承包业务			3639.65	16.72	4622.90	27.01	5504.41	19.07	3177.51	17.34
其中	冶金工程		904.99	12.21	1152.56	38.31	1296.49	25.97	653.62	16.17
	非钢工程建设业务		2734.66	13.21	3470.34	26.90	4207.92	21.25	2523.89	17.65
—	其中	房屋与建筑工程	1650.01	28.76	2282.21	27.36	2874.83	12.49	1674.67	21.45
		交通基础设施	773.73	14.81	883.38	14.17	1053.44	19.25	621.34	17.12
		其他工程	310.92	14.70	304.75	-1.98	279.65	-8.24	227.89	-3.38
房地产开发业务			241.14	20.80	214.16	-11.19	227.27	6.12	77.85	-13.79
装备制造业务			110.57	52.88	116.23	5.12	123.19	5.99	68.95	1.40
资源开发业务			43.84	-15.45	66.69	52.14	88.66	32.94	42.82	19.18
其他业务			37.02	-16.47	61.62	66.45	47.52	-22.88	4.26	-84.57

冶金工程受益双碳政策，"氢冶金+智能改造"引领未来

钢铁、有色金属等行业减碳生产改造需求广阔，中国中冶在冶金全产业链方面优势显著。在工艺技术方面，子公司中冶赛迪提出了以"氢能制备—氢能冶炼—CCUS"为主线，实现绿色低碳氢冶金的技术路线；在工程技改方面，子公司中冶宝钢优势突出，具备现代化冶金生产运营服务能力；在智能化运维方面，恩菲院依托专利技术优势，将信息控制技术植入生产线和装备中，满足国内矿山和冶炼企业在技改升级、节能减排和运营管理等方面提升的需求，为客户提供专业化、智能化的高端服务。

战略布局生态环保水务领域，主动切入新能源赛道

2020年，中国中冶联合子公司中冶华天、中国恩菲联合设立中冶生态环保集团有限公司，聚焦水务、固废、生态环境治理"投建营"，打通生态环保全产业链。新能源方面，作为建筑行业的主力军，中国中冶目前具备光伏、光热发电及太阳能热水系统集成能力，拥有光伏光热相关专利十余项，深耕多年完成多项光伏电站项目。2023年6月，中国中冶新签下60.9亿元的西安市泾河新城光伏新能源产业园项目（一期）EPC 工程总承包合同。

> 中国中冶企业发展举措：冶金工程"氢冶金+智能改造"引领未来；
> 战略布局生态环保水务领域，主动切入新能源赛道

4.6.6.2 企业（分）子公司中标情况分析

中国中冶含分子公司（不含设计院、投资类公司）共计中标 5568.79 亿元，主要在民用建筑领域中标金额最多，为 3435.56 亿元，其次是基础设施领域 1166.51 亿元；在工程局中中国五冶集团有限公司中标金额最多为 1130.88 亿元，详见表 4-31。

表 4-31 中国中冶含分子公司中标情况

单位：亿元

企业分子公司	民用建筑	基础设施	工业建筑	城乡更新	专业工程	农林建筑	融合发展	总计
中国五冶集团有限公司	816.57	179.34	65.39	22.61	36.03	10.94		1130.88
中国二十二冶集团有限公司	461.03	108.64	24.77	8.21	11.72	8.15		622.52
中国一冶集团有限公司	371.09	93.52	46.98	78.88	19.60	3.14		613.21
上海宝冶集团有限公司	384.10	79.92	10.79	0.87	19.11	4.32	4.14	503.24
中冶天工集团有限公司	205.83	122.06	30.76	39.26			18.15	416.06
中国二十冶集团有限公司	232.41	25.99	27.51	30.55	12.42		8.15	337.04
中冶建工集团有限公司	219.98	72.02	10.22	17.65	3.93	3.00	3.72	330.52
中国十七冶集团有限公司	196.62	88.12	3.26	28.47	12.89			329.35
中国十九冶集团有限公司	181.21	66.53	4.54	23.24	3.39	1.70		280.60

续　表

企业分子公司	民用建筑	基础设施	工业建筑	城乡更新	专业工程	农林建筑	融合发展	总计
中国二冶集团有限公司	53.76	72.03	8.41	4.20	2.17	3.86	0.77	145.20
中冶京诚工程技术有限公司	56.81	14.45	51.98	4.38	2.74			130.37
中冶南方工程技术有限公司	38.19	54.77	19.49		4.82			117.27
中冶交通建设集团有限公司	38.54	50.49	11.15	10.66	2.82			113.66
中冶赛迪集团有限公司	39.18	1.22	65.81	0.87	3.48			110.56
中国华冶科工集团有限公司	53.28	19.29	0.60					73.18
中国三冶集团有限公司	24.54	35.18	1.46	8.66	0.75			70.59
中冶武勘工程技术有限公司	3.00	39.05			4.29	2.00		48.34
中冶路桥建设有限公司	11.96	11.75	23.75					47.45
中冶华天工程技术有限公司	27.08	12.24	5.19					44.51
中国有色工程有限公司	5.89	4.09	17.53					27.51
中冶焦耐工程技术有限公司			25.68					25.68
中冶建筑研究总院有限公司	5.24		2.61		5.32	0.60		13.78
中冶长天国际工程有限责任公司	5.01	4.49	2.23		0.95			12.67

续　表

企业分子公司	民用建筑	基础设施	工业建筑	城乡更新	专业工程	农林建筑	融合发展	总计
中冶沈勘工程技术有限公司	4.24	2.55	3.84		0.49			11.12
中冶生态环保集团有限公司		7.08						7.08
中冶（上海）钢结构科技有限公司					4.71			4.71
中冶北方工程技术有限公司		1.69						1.69
总计	3435.56	1166.51	463.95	278.50	151.62	37.71	34.93	5568.79

　　中国中冶含分子公司（不含设计院、投资类公司）前十省份共计中标 4294.28 亿元，占集团中标业绩的 77.11%，其中在四川省中标金额最多，为 975.54 亿元，其次是湖北省 564.92 亿元，详见表 4-32。

表4-32 中国中冶各分子公司在各省份中标情况

单位：亿元

企业分子公司	四川	湖北	河北	山东	河南	辽宁	云南	安徽	江苏	上海	总计
中国五冶集团有限公司	707.62	11.19	94.17	13.20	69.34	1.26	2.58	19.92	53.14	33.99	1006.42
中国二十二冶集团有限公司	10.60	10.95	54.50	25.13	34.44	387.94	2.06		11.80	3.76	541.18
中国一冶集团有限公司	21.97	297.72	2.34	28.72	31.87	1.84	57.51	13.89	6.40		462.26
上海宝冶集团有限公司	18.18	2.74	146.49		53.49		7.97	24.00	5.36	124.89	383.12
中冶天工集团有限公司	23.67		26.93	129.22	75.18	1.14	37.99	16.93	20.93		331.98
中国十七冶集团有限公司	6.68		58.63	51.65	39.58			114.21	9.73		280.49
中国二十冶集团有限公司	2.15	121.72	2.62	55.79	2.80		2.78	21.83	36.79	31.32	277.81
中国十九冶集团有限公司	94.39	9.34	7.36	45.19	3.27		79.67		3.56		242.79
中冶建工集团有限公司	8.77	23.44	5.62	70.22	51.97		10.40	1.08	33.35		204.84
中冶京诚工程技术有限公司	3.33		34.02	6.75	7.58	0.61	41.06				93.35
中冶南方工程技术有限公司	6.94	77.17			0.91	1.17	1.46				87.65
中国二冶集团有限公司			17.75	21.06	29.13	0.83	3.01	1.77			73.55

续　表

企业分子公司	四川	湖北	河北	山东	河南	辽宁	云南	安徽	江苏	上海	总计
中冶交通建设集团有限公司	11.96		19.01	17.49	12.14		8.89				69.49
中冶赛迪集团有限公司	33.72				28.34				0.67		62.73
中国华冶科工集团有限公司	0.70	0.64	11.92	8.88	0.60	0.61	10.61	1.33			35.30
中冶武勘工程技术有限公司	1.29	6.84	15.77				6.56	1.17	3.08		34.72
中冶华天工程技术有限公司	4.53	1.92			0.33			6.66	14.49		27.92
中国三冶集团有限公司	11.90		1.62		7.22	2.20					22.93
中冶路桥建设有限公司					11.17			6.87			18.04
中国有色工程有限公司	7.14			2.79							9.93
中冶沈勘工程技术有限公司		1.26	2.16	2.27		2.36					8.05
中冶生态环保集团有限公司				7.08							7.08
中冶建筑研究总院有限公司			1.61		3.61				0.51		5.73

续 表

企业分子公司	四川	湖北	河北	山东	河南	辽宁	云南	安徽	江苏	上海	总计
中冶焦耐工程技术有限公司						5.05					5.05
中冶北方工程技术有限公司			0.96								0.96
中冶（上海）钢结构科技有限公司			0.90								0.90
总计	975.54	564.92	504.38	485.45	462.97	405.00	272.55	229.67	199.81	193.97	4294.28

4.6.7 中国能建——新能源、传统能源高景气度持续，前瞻布局氢能储能

4.6.7.1 集团公司发展现状及转型

中国能源建设股份有限公司（简称中国能建）成立于 2014 年 12 月 19 日。中国能建由中国能源建设集团有限公司与其全资子公司电力规划总院有限公司共同发起设立。中国能建 2015 年在中国香港联合交易所首次公开募股，2021 年吸收合并了葛洲坝集团股份有限公司，并在上海证券交易所主板挂牌上市。中国能建是为中国乃至全球能源电力、基础设施等行业提供整体解决方案、全产业链服务的综合性特大型集团公司。2023 年，中国能建在《财富》世界 500 强排名位列 256 位，较上年跃升 13 位，是上榜国内建筑企业排名上升最快的企业；位列 2023 年 ENR 全球工程设计公司 150 强第 2 位、ENR 国际工程设计公司 225 强第 20 位，保持国内企业排名第 2 位；位列 ENR 全球工程承包商 250 强第 10 位、ENR 国际工程承包商 250 强第 17 位。

中国能建主业涉及建筑施工、能源建设行业及相关的环保、房地产、水泥、民用爆破等领域，近年来在巩固和发展电力工程建设主业的同时，不断进行转型升级，发展非电施工业务，逐步加大新能源及综合智慧能源运营，业务领域继续向施工领域上下游拓展。中国能建股权穿透及业务领域详见图 4-23。

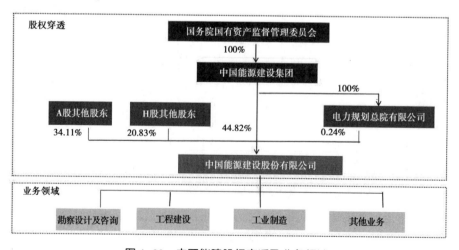

图 4-23　中国能建股权穿透及业务领域

　　根据公司 2023 年度主要经营数据公告，中国能建累计实现新签合同额 12837.31 亿元，同比增长 22.37%。其中，工程建设新签合同额 11982.15 亿元，同比增长 20.91%，占公司业绩的 93.34%，详见表 4-33。

表4-33　2023 年 1—12 月累计新签合同额统计表

产业类型		新签项目数量（个）	新签合同额（亿元）	同比（%）
工程建设		6437	11982.15	20.91
其中	传统能源	4157	1985.65	7.53
	新能源及综合智慧能源	1378	5291.69	26.11
	城市建设	324	2781.86	31.12
	综合交通	49	469.02	−16.77
	其他	529	1453.93	22.97
勘测设计及咨询		—	214.67	50.01
工业制造		—	361.78	44.67
其他业务		—	278.71	48.58
合计		—	12837.31	22.37

　　从工程建设细分领域看，能源建设是中国能建最大的业务板块，新能源和传统能源业务共计占比工程建设超过 50%，其次是城市建设，占比在 20% 左右。2023 年，细分领域增长最好的是城市建设领域，增速达 31.12%，详见图 4-24。中国能建在碳达峰、碳中和目标下，加大了在新能源投资业务的市场开发和资源投入力度，2022 年获取新能源投资指标 1624 万千瓦，新增并网风光新能源控股装机容量 238.9 万千瓦。传统能源领域，中国能建发挥电力建设全产业链优势，大力推进抽水蓄能业务发展，连获湖北蕲春等 4 个国家"十四五"规划项目投资开发权，总装机容量 790 万千瓦。

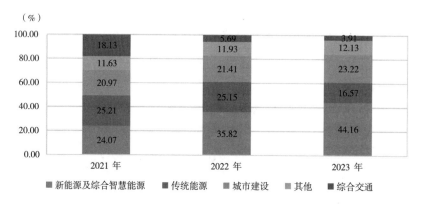

图 4-24　近二年中国能建工程建设新签合同额各细分领域占比情况

2023 年，中国能建新能源及综合智慧能源业务加速领跑，完成新签合同额 5291.69 亿元，同比增长 26.11%，详见表 4-34。

表 4-34　近三年中国能建各板块业务新签合同额统计表

业务分类		2021 年		2022 年		2023 年	
		金额（亿元）	同比（%）	金额（亿元）	同比（%）	金额（亿元）	同比（%）
工程建设业务		8008.9	45.7	9910.1	23.7	11982.15	20.91
其中	传统能源	2018.8	21.7	2492.5	23.9	1985.65	7.53
	新能源及综合智慧能源	1927.7	53.2	3550.1	83.9	5291.69	26.11
	城市建设	1679.1	11.3	2121.6	23.1	2781.86	31.12
	综合交通	1451.7	229.6	563.5	−60.1	469.02	−16.77
	其他	931.6	47.7	1182.3	26.9	1453.93	22.97
勘测设计及咨询业务		119.1	4.6	143.1	20.1	214.67	50.01
工业制造业务		262.2	161.2	250.1	−5.4	361.78	44.67
其他业务		335.9	396.4	187.6	−43.8	278.71	48.58
合计		8726.1	51.0	10490.9	20.2	12837.31	22.37

前瞻布局氢能业务，发力储能投资

碳中和背景下，国内氢能需求释放。根据中国氢能联盟预测，在 2030 年碳达峰情景下，我国氢气年需求量将达到 3715 万吨，在终端能源消费中占比约为5%。从中央层面看，氢能已被纳入国家能源战略。2021—2023年，全国多地启动光伏发电电解水制氢项目，截至2022年末，全国共有60家氢能产业园。中国能建于2022年1月25日在北京挂牌成立中能建氢能源有限公司，该公司是目前央企中注册资本最大且唯一布局氢能全产业链的专业平台公司、中国能建氢能源全产业链和一体化发展的平台公司、中国能建境内外氢能源相关产业投资和资本运营的实施主体。此外，2022年，中国能建还与明阳集团、山东能源集团、凯豪达氢能源等公司签署战略合作协议，共同发展氢能业务。

新型储能方面，2023年6月16日，国家能源局综合司发布《关于开展新型储能试点示范工作的通知》。中国能建自2021年开始布局新型储能，并于2022年成立中能建数字科技集团有限公司，专注于300MW级压缩空气储能技术攻关。2023年6月14日，由中国能建数科集团、陕鼓集团、西北电力设计院三方共同设立的压缩空气储能技术装备研究院正式揭牌。此外，中国能建还与宁德时代签订战略合作协议，全面推进大规模储能集成应用。

中国能建企业发展举措：依托"电规总院+中电工程+14省院"，能源项目"近水楼台"；新能源实力"一骑绝尘"，前瞻布局氢能和新型储能。

4.6.7.2 企业（分）子公司中标情况分析

中国能建含分子公司（不含设计院、投资类公司）共计中标722.16亿元，主要在基础设施领域中标金额最多，为547.29亿元，其次是民用建筑领域149.17亿元；在工程局中中国葛洲坝集团股份有限公司中标金额最多，为296.57亿元，详见表4-35。

表4-35 中国能建含分子公司中标情况

单位：亿元

企业分子公司	基础设施	民用建筑	专业工程	城乡更新	总计
中国葛洲坝集团股份有限公司	274.37	13.00	4.20	5.00	296.57
中国葛洲坝集团电力有限责任公司	82.01		5.80		87.81

续　表

企业分子公司	基础设施	民用建筑	专业工程	城乡更新	总计
中国葛洲坝集团第三工程有限公司	29.40	54.56		0.51	84.47
中国葛洲坝集团建设工程有限公司	36.85	37.64			74.49
中国葛洲坝集团第一工程有限公司	28.28	35.51		6.39	70.18
中国葛洲坝集团路桥工程有限公司	32.83				32.83
中国电力工程顾问集团有限公司	24.85				24.85
中国葛洲坝集团第二工程有限公司	13.26	2.98			16.24
中国葛洲坝集团机电建设有限公司	5.36	5.48	0.77		11.62
中国葛洲坝集团易普力股份有限公司	9.08				9.08
中国葛洲坝集团三峡建设工程有限公司	4.70				4.70
中国葛洲坝集团市政工程有限公司	2.79				2.79
葛洲坝生态建设（湖北）有限公司	2.00				2.00
中能建地热有限公司			1.58		1.58
中国能建集团装备有限公司			0.89		0.89
葛洲坝集团生态环保有限公司	0.85				0.85
中国葛洲坝集团水泥有限公司	0.65				0.65

企业分子公司	基础设施	民用建筑	专业工程	城乡更新	总计
杭州华电华源环境工程有限公司			0.57		0.57
总计	547.29	149.17	13.81	11.89	722.16

中国能建含分子公司（不含设计院、投资类公司）前十省份共计中标529.12亿元，占集团中标业绩的73.27%，其中在四川省中标金额最多，为96.66亿元，其次是广东省90.11亿元，详见表4-36。

表 4-36 中国能建各分子公司在各省份中标情况

单位：亿元

企业分子公司	四川	广东	云南	新疆	江苏	湖北	海南	江西	内蒙古	重庆	总计
中国葛洲坝集团股份有限公司	93.38	33.99	36.85	26.20	3.17	25.89	6.27	18.59	17.43	3.15	264.92
中国葛洲坝集团建设工程有限公司		47.31	7.67			4.31					59.29
中国葛洲坝集团第三工程有限公司			1.36		20.01	1.14	2.24			26.30	51.04
中国葛洲坝集团第一工程有限公司					20.01	6.39	21.46				47.85
中国葛洲坝集团电力有限责任公司	0.65		7.90	12.38	1.73	2.09			16.57		41.32
中国葛洲坝集团第二工程有限公司	1.86	4.20			1.12		6.27	2.79			16.24
中国葛洲坝集团路桥工程有限公司						0.52		13.62			14.13
中国电力工程顾问集团有限公司		4.60	9.48								14.09
中国葛洲坝集团易普力股份有限公司				9.08							9.08
中国葛洲坝集团三峡建设工程有限公司										3.51	3.51

续 表

企业分子公司	四川	广东	云南	新疆	江苏	湖北	海南	江西	内蒙古	重庆	总计
中国葛洲坝集团机电建设有限公司	0.77							2.31			3.08
中国葛洲坝集团市政工程有限公司							2.22				2.22
葛洲坝生态建设（湖北）有限公司						0.85					0.85
葛洲坝集团生态环保有限公司						0.85					0.85
中国葛洲坝集团水泥有限公司						0.65					0.65
总计	96.66	90.11	63.26	47.66	46.04	42.67	38.45	37.31	33.99	32.96	529.12

第五章

建筑行业市场区域发展
格局与机遇分析

[摘要] 本章通过政策分析、市场现状研判、发展机遇挖掘，全方位解读长三角城市群、粤港澳大湾区、京津冀城市群、长江中游城市群、成渝城市群发展格局。

5.1 长三角城市群的战略规划和发展路径分析

5.1.1 长三角城市群政策环境与宏观趋势

长三角地区作为长江经济带的核心组成部分之一，对于推动沿江经济协同发展起到重要作用。2018 年习近平总书记在进博会上宣布长三角一体化上升为国家重大战略，次年长三角一体化国家战略进入政府工作报告。2019 年中共中央、国务院印发《长江三角洲区域一体化发展规划纲要》，指出长三角在国家现代化建设大局和全方位开放格局中具有举足轻重的战略地位，推动长三角一体化发展意义重大。2021 年《长三角一体化发展规划"十四五"实施方案》发布，指出要紧扣"一体化"和"高质量"两个关键打造国内大循环的中心节点和国内国际双循环的战略链接。

2022 年 10 月党的二十大报告中再提推进长三角一体化发展。全国统一大市场的提出更加强化了长三角一体化的战略意义。2022 年 4 月《中共中央 国务院关于加快建设全国统一大市场的意见》发布，提出优先推进区域协作，鼓励长三角等区域在维护全国统一大市场前提下优先开展区域市场一体化建设工作，推广典型经验；指导各地区综合比较优势、产业基础等因素，推动产业合理布局，对长三角的产业结构升级与协同提出了更高要求。

2023 年 11 月 30 日国家主席习近平主持召开深入推进长三角一体化发展座谈会强调，推动长三角一体化发展取得新的重大突破，在中国式现代化中更好发挥引领示范作用。11 月 27 日中共中央政治局会议审议《关于进一步推动长江经济带高质量发展若干政策措施的意见》，提出要坚持把科技创新作为主动力，积极开辟发展新领域新赛道，加强区域创新链融合，大力推动产业链供应链现代化。长三角工业优势稳固，服务业愈加发达，在全国统一大市场的建设背景下，将对制造强国战略、现代化服务业发展起到"领头羊"的作用。

5.1.2　长三角城市群市场状况洞察与解析

长三角城市群在 2021—2023 年期间的公投市场展现出显著的阶段性波动特征，呈现为"山峰型"走势。据建设通大数据研究院数据统计，在此期间，2021 年度公投项目中标总额达到 29274.27 亿元，至 2022 年，中标规模呈现稳健增长态势，同比增长率为 9.88%，总量攀升至 32167.85 亿元，尽管 2023 年相较于前一年度出现了 -5.88% 的小幅回调，但中标额仍保持在 30275.98 亿元高位，维持在 3 万亿元规模以上，彰显了市场的韧性和深度。从三年平均中标额来看，达到 30572.70 亿元。

进一步分析各省份市场份额变动情况：安徽省表现出增长势头，其市场份额由 2021 年的 21.16% 提升至 2023 年的 24.61%；而江苏省、浙江省在此期间的市场份额则呈现小幅收缩的态势，详见图 5-1。

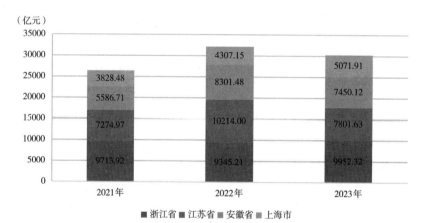

图 5-1　2021—2023 年长三角城市群各地区中标金额

从城市维度看，2023 年长三角城市群公投市场中排名前五的城市分别是上海市、杭州市、苏州市、宁波市和无锡市，它们在当年公投市场份额中的占比分别为 7.4%、3.46%、2.73%、2.64% 和 2.34%，这 5 个城市的份额合计占据了整个长三角城市群 2023 年公投市场的 18.56%，详见图5-2。

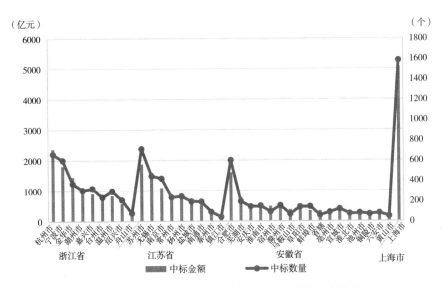

图 5-2 2023 年长三角城市群各城市中标额及中标数量

注：省辖项目为不确定划分至具体城市的项目。

从领域上来看，2023 年在长三角公投市场中，民用建筑占据的份额为 49.79%，基础设施占比 37.23%。从同比增速来看，融合发展相关领域呈现显著增长态势，增长率高达 109.88%，而专业工程领域亦有所增长，同比增长率为 7.1%，详见图 5-3。细分至各具体领域，总量排名前三的分别是商用住宅建设、公路建设和产业园区建设，这三个领域的累计市场份额达到了 30.94%。

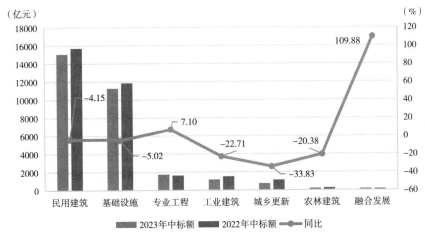

图 5-3 2022—2023 年长三角城市群各领域中标额及同比

5.1.3 长三角城市群发展机遇前瞻分析

从立项设计上来看，长三角城市群 2024 年预计开工项目共计投资额 32124.49 亿元，项目数量为 4116 个，其中立项阶段为 16861.01 亿元，共计 2042 个项目，设计阶段为 15263.47 亿元，共计 2074 个项目，详见表 5-1。

表 5-1　长三角城市群 2024 年立项设计项目

项目阶段	投资金额（亿元）	项目数量
立项	16861.01	2042
设计	15263.47	2074
总计	32124.49	4116

从立项设计业主上来看，2024 年前五业主主要分布在机场、能源领域，其中南通机场集团有限公司投资金额最高达到 500 亿元，详见表 5-2。

表 5-2　长三角城市群 2024 年前五主要立项设计业主

长三角城市群业主	投资金额（亿元）	项目数量
南通机场集团有限公司	500.00	1
中核浙能能源有限公司	440.00	1
中国石化扬子石油化工有限公司	421.90	5
中广核苍南核电有限公司	406.00	1
上海机场（集团）有限公司	387.60	1

5.2　粤港澳大湾区的战略规划和发展路径分析

5.2.1　粤港澳大湾区政策环境与宏观趋势

粤港澳大湾区由珠三角地区九市和香港、澳门两个特别行政区组成的城市群，具有良好的发展条件，区位优势明显、集聚创新要素、领先的国际化水平以及文化、金融多方面的合作基础。粤港澳大湾区是中国开放程度最高、经济活力最强的区域之一，2023年广东省地区生产总值总量超过13万亿元，大湾区内地九市地区生产总值的总额超过11.02万亿元。从单个地市的地区生产总值来看，广州、深圳、佛山、东莞四座"万亿城"仍牢牢占据榜单前四名。其中地区生产总值最高的深圳已接近3.5万亿元，广州的地区生产总值也首次突破3万亿元；佛山、东莞两个万亿元城市经济总量继续扩大，分别达1.33万亿元和1.14万亿元。其他城市里，经济总量最高的是惠州，达到5639.68亿元。

粤港澳大湾区在国家发展大局中具有重要战略地位。在基础交通设施、科技创新、产学研一体化三方面发挥粤港澳综合优势，深化粤港澳三地合作，加强区域内科技创新要素的自由流动，进一步提升大湾区在国家经济发展和对外开放中的支撑引领作用，支持香港、澳门融入国家发展，保持香港、澳门长期繁荣稳定。

"十四五"时期，粤港澳大湾区重点工程包括：深圳先行示范区和横琴、前海、南沙三大合作平台建设，加快集聚高端要素资源，更好促进粤港澳合作发展；推进大湾区城市群全方位互联互通，发挥香港–深圳、广州–佛山、澳门–珠海极点带动作用，深化港深、澳珠全方位合作，加快广佛同城化建设，辐射带动周边区域发展；大力推进横琴、前海、南沙三大平台建设，吸引更多澳人、澳企到横琴合作区发展，进一步优化前海合作区管理体制机制，统筹省、市、区各方资源力量推进南沙开发建设。

2024年，粤港澳大湾区正在推进全方位互联互通，发挥香港–深圳、广州–佛山、澳门–珠海极点带动作用，深化港深、澳珠全方位合作，加快广佛同城化建设，辐射带动周边区域发展；推进"轨道上的大湾区"和世界级港口群、机场群建设，打造大湾区"1小时交通圈"；同时推动深化民生领域合作，高水平建设港澳青年创新创业基地，打造宜居宜业宜游优质生活圈。

2024年，粤港澳大湾区正在推进城市更新与城中村改造工作。其中广州以政府主导，多元合作，着力推进"三旧改造"；深圳作为市场化主导城市更新的先行者，聚焦土地整备利益统筹，双轨并行利用存量土地；东莞镇村工业园改造从"单个项目"到"连片拓展";珠海、中山不断完善政策加速城市更新进程;江门、惠州、肇庆则推进城区旧改先行试点。

在水利工程方面,作为人口最多、经济总量居前的全球最大湾区,以珠三角为腹地的粤港澳大湾区面临着水资源分布不均、开发利用不平衡、应急备用水源不足等问题。特别是自 2004 年以来越发凸显的东江流域缺水问题,制约着珠三角及大湾区未来可持续发展。在历经近 10 年统筹谋划与科学论证后,国务院、广东省相继做出战略部署,将珠三角水资源配置工程列入《珠江流域综合规划(2012—2030 年)》。同时,广东省为贯彻落实《水利部办公厅关于印发水利工程建设质量提升三年行动(2023—2025年)实施方案的通知》(办建设〔2022〕280 号)、《广东省人民政府印发〈关于加快推进质量强省建设的实施方案〉的通知》(粤府〔2020〕50 号)要求,广东省水利厅制定了《广东省水利工程建设质量提升三年行动(2023—2025 年)实施方案》。

5.2.2 粤港澳大湾区市场状况洞察与解析

粤港澳大湾区(仅统计珠三角九市)2021 年度公投项目中标总额达到9617.28 亿元;2022 年中标规模呈现稳健增长态势,总量攀升至 12959.27亿元;2023 年回稳到 9871.18 亿元。从三年平均中标额来看,达到万亿规模以上,为 10815.91 亿元,详见图 5-4。

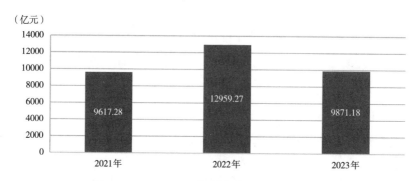

图 5-4 2021—2023 年粤港澳大湾区中标金额

从城市维度看(仅统计珠三角九市),2023 年公投市场中排名前三的城市分别是广州市、深圳市、惠州市,详见图 5-5。它们在当年公投市场份额中的占比分别为 35.87%、32.78% 和 6.35%，其中广州市、深圳市份额合计占据了城市群总额的 68.66%。

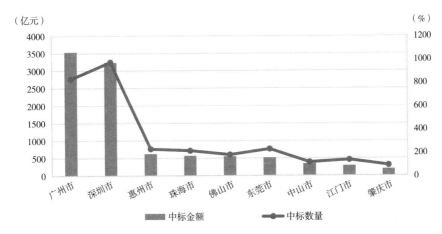

图 5-5 2023 年粤港澳大湾区各城市中标额及中标数量

2023 年在公投市场中，基础设施项目占据的份额为 44.41%，民用建筑项目占比 37.18%。从同比增速来看，专业工程有小幅增长，同比增长 6.54%；基础设施、农林建筑、融合发展均出现大幅收缩，详见图 5-6。细分至各具体领域，在总量排名前三的分别是商用住宅、公路建设和产业园区，这三个领域的累计市场份额达到了 30.94%。

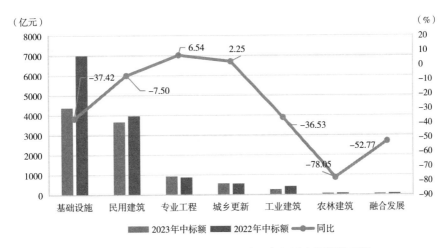

图 5-6 2022—2023 年粤港澳大湾区各领域中标额及同比

5.2.3 粤港澳大湾区发展机遇前瞻分析

从立项设计上来看，粤港澳大湾区 2024 年预计开工项目共计投资额 12485.99 亿元，项目数量为 1308 个，其中立项阶段 9200.68 亿元，共计 896 个项目，设计阶段 3285.31 亿元，共计 412 个项目，详见表 5-3。

表 5-3 粤港澳大湾区 2024 年立项、设计项目

项目阶段	投资金额（亿元）	项目数量
立项	9200.68	896
设计	3285.31	412
总计	12485.99	1308

从立项设计业主上来看，前五业主主要分布在轨道交通、城市建设、能源领域，其中广州白云城市置地投资有限公司投资金额最高达到 613.22 亿元，详见表 5-4。

表 5-4 粤港澳大湾区 2024 年前五主要立项、设计项目业主

粤港澳大湾区业主	投资金额（亿元）	项目数量
广州白云城市置地投资有限公司	613.22	5
深圳市地铁集团有限公司	448.10	4
广州市海珠区南洲街沥滘经济联合社	340.00	2
恒力石化（惠州）有限公司	270.00	1
深圳市深业泰然新时代有限公司	265.00	2

5.3 京津冀城市群的战略规划和发展路径分析

5.3.1 京津冀城市群政策环境与宏观趋势

京津冀城市群又称京津冀都市圈，是指以北京、天津为中心，辐射带动河北省内多个城市发展的城市群。这个区域的战略规划和发展路径是国家级的重点发展战略之一，旨在通过协同发展，推动区域一体化，优化资

源配置，提高经济效益和竞争力，同时有效缓解北京的"大城市病"。

京津冀协同发展的主要工程布局涉及多个方面，包括基础设施建设、生态环境保护、产业升级和转移、公共服务设施共建共享等。这些工程项目旨在促进区域一体化，提高区域经济的整体竞争力，同时改善居民的生活质量。

2023年9月22日，北京市通州区与河北省廊坊市三河、大厂、香河三县市一体化高质量发展示范区执行委员会揭牌仪式在北京城市副中心党工委管委会举行，标志着通州区与北三县协同发展迈出新的一步。

受海河2023年7月流域性特大洪水影响的北京、天津、河北，已全面启动水毁工程修复工作。2023年12月，国务院批复《以京津冀为重点的华北地区灾后恢复重建提升防灾减灾能力规划》。按照"上蓄、中疏、下排、有效治洪"原则，加快实施海河水系防洪减灾系统提升工程，加快病险水库除险加固，推动流域综合治理和蓄滞洪区建设，加密重点区域气象监测网络，完善城市排水防涝设施。

2017年，中共中央、国务院印发通知决定设立河北雄安新区，先行开发起步区面积约100平方千米。这也是继深圳经济特区和上海浦东新区之后又一具有全国意义的新区。雄安不仅是国家级新区，也是北京非首都功能疏解的集中承载地。5年以来，这座承载千年大计的"未来之城"，对外骨干路网已全面打通、内部骨干路网体系基本形成；城市框架正全面拉开，一批标志性工程投入使用。目前，雄安新区首批疏解清单标志性项目正在有序落地。中国星网、中国中化、中国华能首批3家疏解央企总部完成项目供地并有序启动建设程序，中国矿产资源集团注册落户并完成选址，高校、医院疏解项目有序推进，中科院雄安创新研究院、中国电信雄安互联网产业园等一批市场化疏解项目开工建设，累计注册设立央企各类机构110余家，承接疏解起势良好。

2023年11月，首批疏解的在京部委所属高校雄安校区集中开工动员会在雄安新区召开，标志着北京交通大学、北京科技大学、北京林业大学、中国地质大学（北京）等4所高校雄安校区全部开工建设。4所高校均为教育部直属、"双一流"建设高校，雄安校区主要位于雄安新区起步区第五组团北部，雄安校区的建设将显著提升学校办学条件，为学校在更高起点实现跨越式发展奠定坚实基础。4 所高校在雄安扎根，将为雄安新区高标准高质量建设发展提供高水平教育科技人才支撑。

2024 年，推动疏解北京非首都功能各项任务持续推进，第二批启动疏解的在京央企总部及二、三级子公司或创新业务板块等开始启动，同时金融机构、科研院所、事业单位的疏解转移开始谋划。预计雄安新区将有越来越多的高校，央企二、三级子公司或者总部基地建设项目。

2024 年，京津冀三地将实施城市更新行动，推进老旧管网改造，扩大垃圾分类覆盖范围，提升市政公用设施建设水平，打造宜居、韧性、智慧城市。加快推进以县城为重要载体的新型城镇化，实施县城建设提质升级行动，开展城乡融合发展试点。同时，三地聚焦转型升级、科技创新等重点领域，加快实施一批重大产业项目，推动抽水蓄能等新能源项目建设，布局完善 5G、工业互联网、人工智能算力中心等新型基础设施。

5.3.2 京津冀城市群市场状况洞察与解析

京津冀城市群在 2021 年中标金额达到 9648.40 亿元；至 2022 年，中标规模稳健增长至 10711.97 亿元，而到了 2023 年，中标金额回落至 8955.27 亿元，但仍保持高位运行。综合 3 年数据，平均每年的中标额约为 9771.88 亿元。

针对各省份市场份额的具体变动分析表明：天津市在这 3 年期间，在京津冀城市群内部的市场份额相对稳定，始终保持在约 16%的比例。北京市的市场份额则呈现出微降趋势。与此同时，河北省的市场份额自 2021 年起逐年攀升，从最初的 54.8%提升至 2023 年的 59.26%，显示出河北省在该城市群内建设项目中的地位进一步凸显，详见图 5-7。

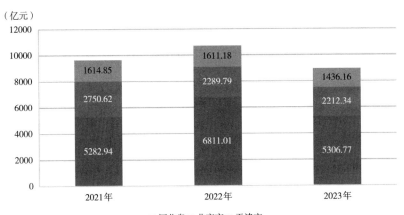

图 5-7 2021—2023 年京津冀城市群各地区中标金额

从城市维度看，2023 年京津冀城市群公投市场中排名前三的城市分别是北京市、天津市、保定市，它们在当年公投市场份额中的占比分别为 24.70%、16.04% 和 12.89%，这 3 个城市的份额合计占据了整个城市群的 57.39%，详见图 5-8。

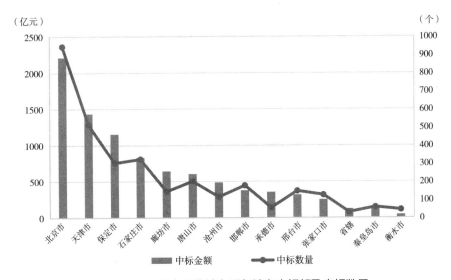

图 5-8 2023 年京津冀城市群各城市中标额及中标数量

注：省辖项目为不确定划分至具体城市的项目。

2023 年在京津冀公投市场中，民用建筑份额为 46.49%，基础设施占比 35.78%。从同比增速来看，专业工程领域呈现增长态势，增长率高 16.97%，详见图 5-9。细分至具体领域，在总量排名前三的分别是保障性住房、商用住宅和产业园区建设，这 3 个领域的累计市场份额达到了 24.6%。

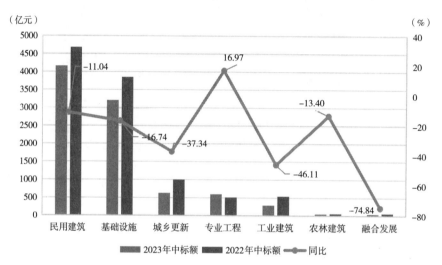

图 5-9　2022—2023 年京津冀城市群各领域中标额及同比

5.3.3　京津冀城市群发展机遇前瞻分析

从立项设计上来看，京津冀城市群 2024 年预计开工项目共计投资额 5342.12 亿元，项目数量为 1002 个，其中立项阶段 2749.24 亿元，共计 455 个项目，设计阶段 2592.88 亿元，共计 547 个项目，详见表 5-5。

表 5-5　京津冀城市群 2024 年立项、设计项目

项目阶段	投资金额（亿元）	项目数量
立项	2749.24	455
设计	2592.88	547
总计	5342.12	1002

从业主上来看，前五主要业主分布在能源领域、水利水电开发领域，其中张家口兴垣新能源开发有限公司投资金额最高达到 280 亿元，详见表 5-6。

表 5-6　京津冀城市群 2024 年前五主要立项、设计项目业主

京津冀城市群业主	投资金额（亿元）	项目数量
张家口兴垣新能源开发有限公司	280.00	1
国华（沧州）综合能源有限公司	188.00	1
永定河流域投资有限公司张家口分公司	179.80	2
中电建水电开发集团有限公司	161.47	1
灵寿县华灏水力发电有限公司	100.00	1

5.4　长江中游城市群的战略规划和发展路径分析

5.4.1　长江中游城市群政策环境与宏观趋势

2022 年 3 月，《长江中游城市群发展"十四五"实施方案》获得批复，是第一个获国家发展改革委正式复函的城市群近期实施规划。长江中游城市群是我国面积最大的城市群，总人口为 1.3 亿左右，约占全国的 9.4%；GDP 达到 12 万亿元，约占全国的 9.3%，具有广阔的市场空间和发展腹地，在新发展格局中具有重要的"棋眼"作用。

长江中游城市群在国家重大基础设施布局中具有重要地位。在《国家综合立体交通网规划纲要》的布局中，长江中游城市群拥有多个国际交通枢纽，武汉是全国 20 个国际性综合交通枢纽城市之一，武汉和长沙均是重要的国际铁路枢纽，鄂州是全国 4 个国际航空货运枢纽之一。武汉处于国家骨干通信网"八纵八横"一级通信干线中心位置。长沙是 8 个国家超级计算中心之一。

未来长江中游城市群主要以提升互联互通效率为重点，统筹完善传统基础设施，加快建设新型基础设施，提升枢纽能级。主要工程方向包括构建多向立体综合交通运输大通道，建设成都、重庆至上海沿江高铁、厦渝高铁、呼南高铁等干线铁路，优化多层次轨道交通体系，铁路总里程达到 1.4 万千米，基本实现城市群内主要城市间 2 小时通达。加强武汉长江中游航运中心建设，推进沿江港口协同发展和一体化治理。同时推动城市群内机场协同运营，提升武汉、长沙、南昌机场区域航空枢纽功能等，为构筑全国统一大市场中的空间枢纽提供坚实支撑。

长江中游城市群的另外一个工程方向是提升三条城镇带互通协作水平。重要部署包括京广通道、沿江-京九通道、沪昆通道是长江中游城市群内部经济联系以及对外联系的主要方向。包括依托京广通道，推动武汉、长株潭都市圈协同发展，提升咸宁、岳阳等要素集聚能力，促进石化、医疗健康、纺织服装等产业合作；依托沿江-京九通道，推动武汉、南昌都市圈互动发展，提升黄冈、黄石与九江等地经济实力，大力发展电子信息产业，推动建材、石化、钢铁等产业转型升级；依托沪昆通道，推动长株潭、南昌都市圈联动发展，突出娄底与萍乡、宜春、新余、鹰潭、上饶等地优势特色，发展光伏光电、精细化工、钢铁新材、有色金属等产业。

在产业基础设施方面，主要以三条科技创新走廊建设为重点，来促进区域创新协同，重点工程包括推动光谷科技创新大走廊、湘江西岸科技创新走廊、赣江两岸科创大走廊的合作对接，推进三大都市圈的产业协同与创新互促。具体方向包括加强武汉—南昌产业创新走廊，推动沿线城市在高新技术制造、产业转型升级、旅游休闲服务等领域的协同发展；强化武汉—长沙产业创新走廊，推动沿线城市在智能制造、现代物流和新型文旅等产业领域的发展合作；培育长沙—南昌产业创新走廊，推动萍乡、宜春、新余承接长株潭都市圈产业转移，加强沿线株洲、湘潭、萍乡等城市在老工业基地转型升级方面的协同合作。

在生态工程方面，主要是构筑"一心两湖四江五屏多点"生态格局。重点工程包括保护鄱阳湖、洞庭湖、洪湖等湖泊、湿地，以及幕阜山、罗霄山等山体完整性，以幕阜山和罗霄山为主体打造城市群"绿心"。强化长江及汉江、湘江、赣江等流域治理，落实好长江十年禁渔要求，实施濒危物种拯救等生物多样性保护重大工程。建立生态保护修复省际协调机制，联合申报实施全国重要生态系统保护和修复重大工程。

5.4.2 长江中游城市群市场状况洞察与解析

长江中游城市群 2021 年度的公投项目中标总额达到了 9648.40 亿元；到了 2022 年，中标规模保持稳健增长，总量达到 13756.32 亿元；2023 年，中标 13819.19 亿元。三年间的平均中标规模约为 12672.40 亿元。

　　针对各省份市场份额的具体变动情况分析显示：湖北省在这段时期内展现出强劲的增长动力，市场份额从 2021 年的 51.47% 显著提升至 2023 年的62.31%，上升幅度颇为明显。相比之下，湖南省在同一时间段内的市场份额则出现了相对收缩的情况，由原来的 28.10% 下滑至 17.80%，详见图 5-10。

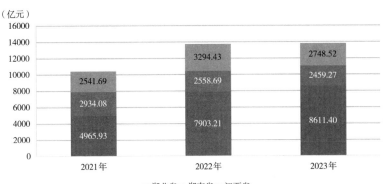

图 5-10　2021—2023 年长江中游城市群各地区中标金额

　　从城市维度看，2023 年长江中游城市群公投市场中排名前五的城市分别是武汉市、宜昌市、长沙市、黄冈市和孝感市，它们在当年公投市场份额中的占比分别为 21.97%、9.69%、8.34%、7.12% 和 6.22%，这 5 个城市的份额合计占据了整个城市群市场份额的 53.34%，详见图 5-11。

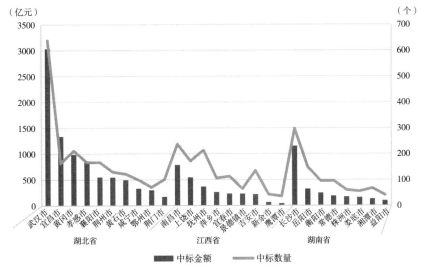

图 5-11　2023 年长江中游城市群各城市中标额及中标数量

从领域来看，2023 年在长江中游城市群公投市场中，民用建筑份额为35.93%，基础设施占比 46.20%。从同比增速来看，融合发展、专业工程、农林建筑相关领域呈现显著增长态势，详见图 5-12。细分至各具体领域，在总量排名前三的分别是公路、产业园区、片区开发，这 3 个领域的累计市场份额达到了 35.81%。

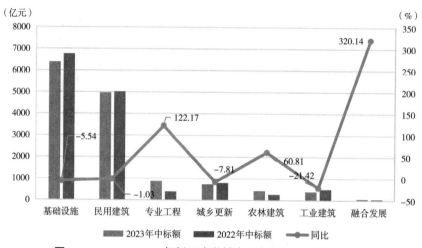

图 5-12　2022—2023 年长江中游城市群各领域中标额及同比

5.4.3　长江中游城市群发展机遇前瞻分析

从立项设计上来看，长江中游城市群 2024 年预计开工项目共计投资额10087.76 亿元，项目数量为 2022 个，其中立项阶段 8056.76 亿元，共计1549 个项目，设计阶段 2031 亿元，共计 473 个项目，详见表 5-7。

表 5-7　长江中游城市群 2024 年立项、设计项目

项目阶段	投资金额（亿元）	项目数量
立项	8056.76	1549
设计	2031.00	473
总计	10087.76	2022

从 2024 年立项、设计项目投资业主上来看，前五业主主要分布在旅游、交通、抽水蓄能领域，其中江西旭湖腾国际生态旅游发展有限公司

2024 年投资金额最高，达到 360 亿元，详见表 5-8。

表 5-8　长江中游城市群 2024 年前五主要立项、设计项目业主

长江中游城市群业主	投资金额（亿元）	项目数量
江西旭湖腾国际生态旅游发展有限公司	360.00	1
湖南省交通运输厅规划与项目办公室	287.67	2
长沙市交通运输局	237.00	1
吉安遂药农业科技有限公司	220.00	2
湖北五峰抽水蓄能有限公司	150.00	1

5.5　成渝城市群的战略规划和发展路径分析

5.5.1　成渝城市群政策环境与宏观趋势

在 2020 年 1 月 3 日召开的中央财经委员会第六次会议上，习近平总书记提出"要推动成渝地区双城经济圈建设，在西部形成高质量发展的重要增长极"。由"成渝经济走廊"到"成渝经济区"，再到"成渝城市群"，以及现在的"成渝地区双城经济圈"，体现了中央顶层设计对川渝地区发展的战略重视。

从发展目标来看，成渝地区双城经济圈的发展重点包括：推动基础设施互联互通，以提升内联外通水平为导向，加快构建互联互通、管理协同、安全高效的基础设施网络。要推动产业发展协同协作，聚焦汽车、电子信息、生物医药等重点产业，协同推动产业链供应链优化升级。要推动城乡建设走深走实，统筹推进乡村振兴和城市提升，加快建设国家城乡融合发展试验区。要推动公共服务共建共享，扩大民生保障覆盖面和合作面，让两地老百姓和各类市场主体享受更多"同城待遇"。要推动生态环保联建联治，坚持共抓大保护、不搞大开发，推进生态共建共保和污染跨界协同治理，共同守护好巴山蜀水美丽画卷。要推动改革开放共促共进，以共建"一带一路"为引领，加快建设内陆开放枢纽，深化综合配套改革试验。

2023 年，成渝地区双城经济圈通过共建支撑国内循环的区域大市场、畅通国内国际双循环的开放大平台，有效促进了四川"一干多支"与重庆"一区两群"深度融合，进一步强化了川渝两地的规划衔接，以高水平区域合作服务全国构建新发展格局。

2024 年是实现成渝地区双城经济圈建设 2025 年规划发展目标的关键之年。

重点工程类型包括：一是现代基础设施网络工程。包括成都至资阳等市域（郊）铁路、开江至梁平等省际高速公路，加快推进重庆江北、四川乐山等机场和成渝中线、成达万高铁等川渝重大通道等项目建设，还包括长江上游航运中心实施、全国综合立体交通网主骨架、1000 千伏特高压交流工程（甘孜—天府南—成都东、天府南—铜梁）、国家天然气（页岩气）千亿立方米产能基地工程、引大济岷等骨干水利工程等。二是现代化产业工程。包括川渝协同共建的电子信息、装备制造、汽车、特色消费品等世界级产业集群，以及机器人、智能网联汽车等战略性新兴产业，特别是宜宾锂电、绵阳巨星永磁、德阳航空航天燃机装备等一批有影响力的产业项目。三是增强区域协同创新能力工程。包括成渝综合性科学中心、西部科学城等重大创新平台建设，中国地震科学实验场等大科学装置项目等。四是巴蜀文旅品牌项目工程。包括重庆观音桥、四川春熙路等传统商圈以及沙坪坝瓷器口、成都宽窄巷子等特色商业街区提质工程，三星堆国家文物保护利用示范区（一期）项目等标志性文旅项目等。五是长江上游生态屏障工程。包括大熊猫国家公园、"六江生态廊道"等项目建设等。六是提高对外开放水平工程。包括加速西部陆海新通道渝黔综合服务区、西南（自贡）无水港等项目建设，内陆开放枢纽工程等。七是共享公共服务工程，包括国家六大区域应急救援中心之一的西南区域应急救援中心、遂潼区域职业教育中心、重庆医科大学附属儿童医院宜宾医院等一批国家区域医疗中心项目等。

5.5.2　成渝城市群市场状况洞察与解析

成渝城市群在 2021—2023 年期间的公投市场呈现出下降趋势。据建设通大数据研究院数据统计，在此期间，2021 年度公投项目中标总额达到

6998.33 亿元，2022 年中标总额达到 7064.92 亿元，2023 年中标总额达到 5644.03 亿元，三年平均公投市场中标总额达到 6569.09 亿元。

分城市来看，重庆近三年均呈现出先上升后下降的趋势，2023 年公投市场上，重庆市占城市群总额的 55.13%，成都市占 44.87%，详见图 5-13。

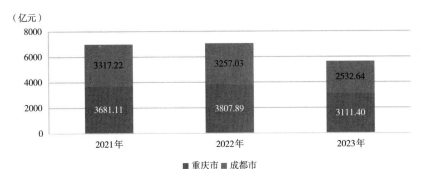

图 5-13 2021—2023 年成渝城市群各地区中标金额

2023 年在成渝城市群公投市场中，民用建筑占据的份额为 49.24%，基础设施占比 35.38%。从同比增速来看，工业建筑、基础设施、民用建筑市场规模有不同程度的收窄，详见图 5-14。细分至各具体领域，总量排名前三的分别是商用住宅建设、产业园区和市政道路，这 3 个领域的累计市场份额占成渝城市群的 24.4%。

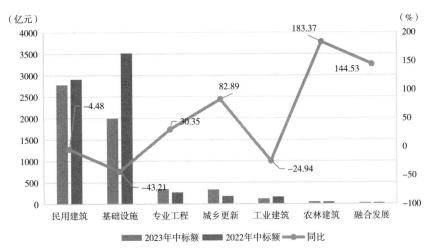

图 5-14 2022—2023 年成渝城市群各领域中标额及同比

5.5.3 成渝城市群发展机遇前瞻分析

从立项设计上来看，成渝城市群 2024 年预计开工项目共计投资额 1845.02 亿元，项目数量为 257 个，其中立项阶段 706.93 亿元，共计 107 个项目，设计阶段 1138.09 亿元，共计 150 个项目，详见表 5-9。

表 5-9　成渝城市群 2024 年立项、设计项目

项目阶段	投资金额（亿元）	项目数量
立项	706.93	107
设计	1138.09	150
总计	1845.02	257

从 2024 年投资业主上来看，前五业主主要分布在轨道交通、新能源领域，其中中创新航科技（成都）有限公司 2024 年投资金额最高达到 150 亿元，详见表 5-10。

表 5-10　成渝城市群 2024 年前五主要立项、设计项目业主

成渝城市群业主	投资金额（亿元）	项目数量
中创新航科技（成都）有限公司	150.00	1
成都高速公路股份有限公司	126.51	1
成都轨道交通集团有限公司	99.30	1
成都锦城华创置业有限责任公司	89.70	2
成都东部集团有限公司	70.78	3

第六章

2024 年建筑行业
市场分析研判

[摘要] 本章包含对 2024 年宏观市场环境展望、土地及房地产市场发展研判，同时具体分析建筑业第二曲线重要发展方向，以及未来建筑行业发展新蓝海。

6.1　2024 年宏观经济环境展望及建筑行业投融资研判

2023 年是预期与现实交织、在波折中前进的一年。2023 年全年 GDP 实际增速较 2022 年的 3% 回升至 5.2%，名义 GDP 增速则较 2022 年的 4.8% 略回落至 4.6%，详见图 6-1。随着 2023 年的帷幕徐徐落下，2024 年的新篇章正在谱写，建筑行业正在站在新的起点上，继往开来，谋而后动。

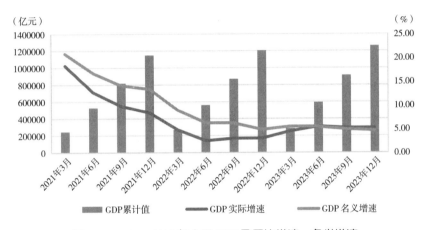

（亿元）　　　　　　　　　　　　　　　　　　　　　　（%）

图 6-1　2021—2023 年全国 GDP 及同比增速、名义增速

2023 年以来，"宏观热，微观冷"是当前最为典型的经济局面。这既有疫情以来全球产业链和供应链重新布局的原因，也有中美关系进入深度博弈时期的影响。在 2022—2023 年，由于地产市场下滑明显，中央通过逆周期投资，基础设施领域的投资明显提速。进入 2024 年，由于 2024 年全球迎来"大选年"，中国的外部发展环境未见明显转暖。当前中美科技博弈仍将延续，美国总统候选者 2024 年为博取更多民意支持可能将继续阻碍中国先进制程的发展，打压中国科技产业。所以中国的投资也在调整。

习近平总书记在二十大报告中强调，"统筹发展和安全，全力战胜前进道路上各种困难和挑战，依靠顽强斗争打开事业发展新天地"。"统筹维护和塑造国家安全，夯实国家安全和社会稳定基层基础，完善参与全球安全治理机制，建设更高水平的平安中国，以新安全格局保障新发展格局"。目前，在安全发展领域上，国家要求确保粮食、能源资源、重要产业链供应链安全。粮食、能源资源、产业链安全是我国经济发展的三条底线。沿着三条底线，粮仓建设、水利工程、高标准农田、全域土地综合整治、战略能源储备、矿山工程、新能源布局、电网工程、储能工程、产业园区等工程逐渐深度布局，这也让 2023 年中国基建投资增速在低基数下大幅上行，2022—2023 年基建复合增速亦回升至 10% 以上。基建投资 2023 年 12 月同比增速从 11 月的 5.4% 上行至 10.7%，两年复合增速亦从 11 月的 9.5% 进一步回升至 10.5%。

但从建筑市场结构来看，主要是电力、热力、燃气及水生产和供应业建设投资，专项债支撑的产业园区投资，国家水网重大工程投资等成为 2023 年基建投资的热点。

2024 年，建筑行业需要特别专注特别国债和国家对"三大工程"的布局支持。其中中央财政在 2023 年四季度增发了特别国债 1 万亿元，增发的国债全部通过转移支付方式安排给地方，集中力量支持灾后恢复重建和弥补防灾减灾救灾短板。根据中共中央政治局常委会会议确定的重点任务，特别国债主要围绕灾后恢复重建和提升防灾减灾救灾能力，主要用于 8 个方向，详见表 6-1。

表 6-1　万亿国债主要投资方向与重点地区

投资方向	重点地区
灾后恢复重建	京津冀为重点的华北地区
重点防洪治理工程	海河、松花江流域等北方地区
自然灾害应急能力提升工程	全国范围
其他重点防洪工程	全国范围内主要支流、中小河流和山洪沟
灌区建设改造和重点水土流失治理工程	灌区、东北黑土区、丹江口水库
城市排水防涝能力提升行动	全国范围
重点自然灾害综合防治体系建设工程	全国范围
高标准农田建设	东北地区和京津冀受灾地区

此外，央行重启抵押补充贷款（PSL）发行对基建投资（重点是三大工程）也将形成较大支撑。2024 年 1—2 月份，国家通过三大政策性银行（国家开发银行、中国进出口银行、中国农业发展银行）净新增 PSL 合计5000 亿元，主要用于支持三大工程的建设，尤其是城中村改造项目的推进，新增 PSL 有望拉动三大工程尽快形成实物工作量，2024 年预计后续财政政策依然通过 PSL 发力和推动实物量加快落地，详见图 6-2。

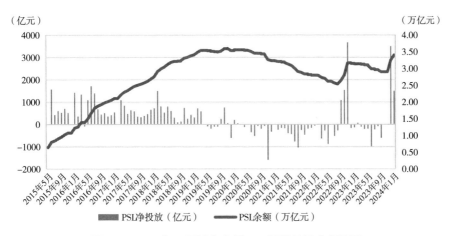

图 6-2　2015 年 5 月以来央行 PSL 净投放及余额情况

2024 年以来，城中村及保障房相关政策加速推进，有望对地产需求形成一定支撑，但政策力度及推进效果仍待观察——比如 2024 年 1 月 4 日广州宣布推出房票安置方案，将有助于加速城中村改造的动迁流程，释放部分地产需求；2024 年 1 月 5 日央行和金融监管总局发布意见，指出对于批量购买存量闲置房屋用作保障性或商业性租赁住房长期持有运营的，鼓励商业银行发放住房租赁团体购房贷款。

资产质量方面，由于 2023 年发布的 PPP 新规全面收窄了 PPP 适用范围，并优先民企参与，预计在 2024 年央国企将收缩 PPP 项目投资规模，审慎批准投资项目，降低投资支出规模，但也有利于改善企业的现金流，提升建筑企业的经营质量。

6.1.1　从 2023 年中央经济工作会议看 2024 年经济新态势

2023 年 12 月 11 日至 12 日，中央经济工作会议召开。会议全面总结

2023 年经济工作，深刻分析当前经济形势，系统部署 2024 年经济工作，详见表 6-2。会议提出"防范化解风险""持续有效防范化解重点领域风险。要统筹化解房地产、地方债务、中小金融机构等风险，严厉打击非法金融活动，坚决守住不发生系统性风险的底线"。我国重大风险主要集中在地方政府债务、房地产和中小银行领域。其中地方政府债务风险和房地产风险都与建筑行业密切相关。

随着我国房地产市场供求关系发生重大变化，近几年房地产领域逐步暴露出一些风险，例如房企债务风险、期房烂尾风险、房地产销售和投资持续低迷等，对财政、金融、经济等各方面都产生了重大影响。从对应措施来看，地方政府要求在 2024 年加快保障性住房、城中村改造和"平急两用"公共基础设施"三大工程"建设，以此来对冲房地产投资下滑，改善居民居住条件。

表 6-2 2023 年中央经济工作会议有关内容

领域	2024 年工作重点
投资	（1）激发有潜能的消费，扩大有效益的投资，形成消费和投资相互促进的良性循环。 （2）推动消费从疫后恢复转向持续扩大，培育壮大新型消费，大力发展新的消费增长点。 （3）稳定和扩大传统消费，提振新能源汽车、电子产品等大宗消费。 （4）发挥好政府投资的带动放大效应，重点支持关键核心技术攻关、新型基础设施、节能减排降碳，培育发展新动能。 （5）完善投融资机制，实施政府和社会资本合作新机制，支持社会资本参与新型基础设施等领域建设。
房地产	（1）积极稳妥化解房地产风险，一视同仁满足不同所有制房地产企业的合理融资需求，促进房地产市场平稳健康发展。 （2）加快推进保障性住房建设、"平急两用"公共基础设施建设、城中村改造等"三大工程"。 （3）完善相关基础性制度，加快构建房地产发展新模式。

此外，贵州、天津、云南、内蒙古等债务负担较重的省份成为本轮特殊再融资债券的发行主力，发行规模均超过 1000 亿元。但从更长远的角度

来看,特殊再融资债券化债主要缓解的是当前风险,地方如果想长久地化解地方债风险,需要通过体制机制的联动改革抑制隐性债务产生的土壤。2024 年是实现"十四五"规划目标任务的关键一年,也是为"十五五"财政体系改革奠定重要基础的一年。预计国家将在稳定宏观税负、厘清政府与市场关系的同时,妥善界定政府职责与规模,系统布局解决无限责任政府职能过大、支出责任过大的问题。同时也将要求债务负担较重的省份及其他省份系统解决好地方债的问题。此次中央经济工作会议提出"必须把坚持高质量发展作为新时代的硬道理,完整、准确、全面贯彻新发展理念,推动经济实现质的有效提升和量的合理增长"的要求。对于建筑企业来说,在当前这种转型期新常态阶段如果要突破并继续保持健康发展,需要建筑企业进行深层次的布局和思考。

6.1.2 中国"一带一路"新布局及海外建筑市场发展态势分析

商务部公布的数据显示,2023 年,我国对外投资合作平稳发展。2023 年我国对外非金融类直接投资 9169.9 亿元人民币,同比增长 16.7%(折合 1301.3 亿美元,同比增长 11.4%)。截至 2023 年 7 月,我国企业在"一带一路"沿线国家非金融类直接投资 953.4 亿元人民币,同比增长 23.2%(折合 136.9 亿美元,同比增长 15.3%),详见图 6-3。

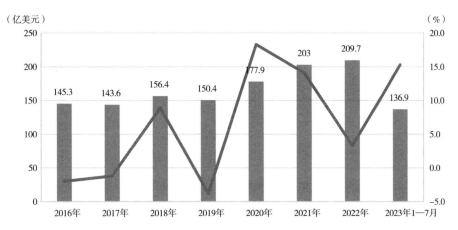

图 6-3 2016—2023 年 7 月我国企业对"一带一路"沿线国家非金融类直接投资情况

　　全年对外承包工程完成营业额 11338.8 亿元人民币，同比增长 8.8%（折合 1609.1 亿美元，同比增长 3.8%），新签合同额 18639.2 亿元人民币，同比增长 9.5%（折合 2645.1 亿美元，同比增长 4.5%）。截至 2023 年 7 月，我国企业在"一带一路"沿线国家承包工程完成营业额 3120 亿元人民币，同比增长 8.4%（折合 448 亿美元，同比增长 1.5%），新签合同额 3672.3 亿元人民币，同比下降 1.7%（折合 527.3 亿美元，同比下降 7.9%），详见图 6-4。

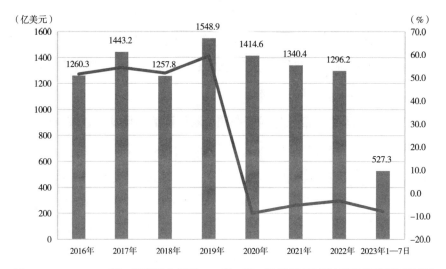

图 6-4　2016—2023 年 7 月我国企业对"一带一路"沿线国家对外承包工程新签合同额

　　2023 年是共建"一带一路"倡议提出十周年。2023 年 10 月 17 日至 18 日，第三届"一带一路"国际合作高峰论坛在北京举行，一方面纪念"一带一路"倡议提出十周年，另一方面各方共商高质量共建"一带一路"方案。"一带一路"建设发展迎来新的历史阶段，沿线国家贸易投资合作将会进一步加强，在基建、能源、工程机械、数字经济等领域将催生新的投资机遇。

　　根据第三届"一带一路"国际合作高峰论坛的成果清单，建筑工程获得了很多机遇，其中在政策支持方面，主要包括：一是更多的资金支持，前期已经有亚投行、丝路基金等，后续会寻求与更多开发银行合作，包括国际开发银行、国开行以及商业银行等；二是更深度的项目合作，高质量推进共建国家基础设施等项目建设，聚焦减贫、卫生、教育等领域（与伊拉克等国签订石油换基建工程），建设更多"小而美"项目，推动境外经贸合作区提质升级，同东盟国家共建经贸创新发展示范园区；三是更广阔的合作领域，积极商签绿色发展、数字经济、蓝色经济等领域的双边合作协议。

在区域合作方面，中国已累计同 150 个国家、32 个国际组织签署了200 多份政府间合作文件，遍布亚洲、非洲、欧洲、大洋洲、拉丁美洲等。根据 Fitch Solutions（惠誉解决方案）的分析，亚洲地区的基建市场在2022—2031 年期间预期将实现 4.1% 的年均增长。未来，撒哈拉以南非洲地区交通基础设施建设仍将是重点，而在中东和东欧地区，可再生能源基础设施建设将提速。虽然 2024 年的"巴以冲突"让中东地区进入持续地缘形势动荡的局面，但沙特等中东国家依然在扩大与中国的合作。

此外，由于中国巨大的能源市场需求，中国在"一带一路"领域的油气开采和相关工程投资加大，未来继续加强与阿拉伯国家油气资源方面的投资合作。对于东盟国家，中国在这些地区的新能源发展潜力较大。东盟国家与中国能源结构、"双碳"转型较为类似，部分国家如越南、泰国、柬埔寨等利用自身自然优势，与中国在水能、太阳能等新能源方面进行广泛的投资合作。

6.2　土地交易市场及房地产新周期发展状况分析

6.2.1　中国房地产发展态势及我国房地产行业的新方向

2023 年，我国房地产开发投资为 11.1 万亿元，同比下降 9.6%，2021—2023 年复合下降率为 13%，较 2021 年最高点 14.8 万亿元合计下降了 25%，已大致回到 2017 年的水平，从全年来看，年初略有反弹，但因内生动力不足，二季度后同比增速仍为负值，详见图 6-5。

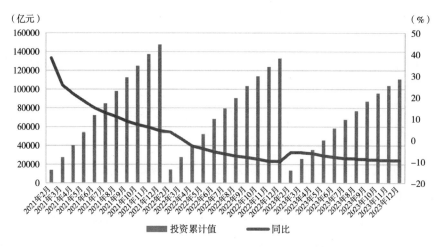

图 6-5　2021—2023 年房地产投资累计值及同比

2023 年，与中国宏观经济发展高度关联的房地产行业先扬后抑，持续底部调整，政策力度前稳后松。2023 年 7 月 24 日中央政治局会议提出了"行业供需关系发生重大转变"的重要定调，之后行业政策持续优化。需求端方面，降首付、降利率、放开"认房不认贷"、放松限购等政策接踵而至；供给端方面，信贷优化政策不断推出，支持主体融资，缓解房企资金压力；地方方面，限制政策加速松绑，全年全国各省市持续推进松绑政策，多数城市限制性政策全面放开，行业"政策底部"已然到来。

2024 年 1 月初，住房和城乡建设部联合金融监管总局出台了《关于建立城市房地产融资协调机制的通知》，要求各地级及以上城市建立城市房地产融资协调机制。协调机制是贯彻落实中央金融工作会议决策部署，一视同仁满足不同所有制房地产企业合理融资需求，促进金融与房地产良性循环的重要举措。

2024 年 1 月 26 日，金融监管总局召开会议，部署推动落实城市房地产融资协调机制相关工作。金融监管总局党委书记、局长李云泽出席会议并强调，要深入贯彻落实中央金融工作会议精神，加快推动城市房地产融资协调机制落地见效，更加精准支持房地产项目合理融资需求，促进房地产市场平稳健康发展。会议指出，党中央、国务院高度重视房地产市场平稳健康发展。

6.2.2 从房地产发展态势看我国地方政府债务解决模式

自 2023 年 7 月份中央政治局会议提出"化债一揽子政策"以来，地方化债进程快速推进，在这一过程中各省份的新增债务和再融资债务规模逐渐分化，新增债务和投资有向经济强省倾斜的趋势，而对于化债重点省份的新增债务和项目投资有所控制，国家通过重点文件，包括国务院办公厅 35 号文、国务院办公厅 47 号文及延伸的"3899 名单"（3899 家地方平台公司发债直接融资需要报省一级政府审批，融资租赁及信托融资等非标融资受限制更明显）来进行重点化债。

其中国务院办公厅 35 号文对于参照地方政府平台管理的国企，要求根据省市区域不同，实施差异化限制，12 个高风险重点省份只能借新还旧，其他省份在省级政府出具同意文件的情况下，可以新增融资。12 个高风险重点省份为：天津、内蒙古、辽宁、吉林、黑龙江、广西、重庆、贵州、云南、甘肃、青海、宁夏，叠加 2021—2023 年的预算调整，预计新政对这些省份的新增基础设施类项目影响较大；此外，通过国家发展改革委发布的"3899 名单"还可以看出，国家推出该政策的核心目的是锁定城投涉隐主体，允许其针对存量债务进行借新还旧，为债务风险的化解争取时间和空间，同时严禁新增债券融资，切实阻断其通过发债新增隐债的路径，优先通过再融资方式化解存量债务风险。

总体来看，本次中央对于地方债务风险化解的态度较为坚决，2024 年化债工作仍将持续推进。化债政策的直接及对其他省份的间接影响都开始显现，针对天津、内蒙古、辽宁、吉林、黑龙江、广西、重庆、贵州、云南、甘肃、青海、宁夏等 12 个地方债务较高的重点省份，由于国家要求原则上不得在交通领域（含高速公路、机场改扩建、运河、轨道交通及市郊铁路等）、社会事业领域（除教育、卫生健康、养老托育、特殊群体关爱保障以外）、市政领域（除燃气、排水、供水、供热实施）增加债务，这些地区 2024 年新增地方项目增量较少，更多项目依赖中央资金及省属配套资金及专项债资金等等。此外，这些地区的工业类及工业产业类企业自投项目也是增量的重点。

6.3 向第二曲线转型——建筑业发展的新方向和新趋势

6.3.1 超特大城市城中村改造的市场发展及机遇分析

城中村改造是支撑地产投资的重要政策之一。该政策不是新政策，在近年文件多置于"城市更新"之下。2023 年 4 月中共中央政治局将城中村改造单列，揭出"在超大特大城市积极稳步推进城中村改造"，且将改造对象框定为"超大特大城市"，政策关注度有所提升。2023 年 7 月，政策密集部署城中村改造。中共中央政治局、国务院党务会议、国务院城中村改造工作部署会议等对城中村改造提出方向性部署：政策态度方面，7 月中共中央政治局会议要求"积极推动城中村改造"，较 4 月"积极稳步推进"更为积极；在资金方面，主要为"多渠道筹措改造资金"；在筹建方式上，因地制宜，"采取拆除新建、整治提升、拆整结合等不同方式分类改造"；此外，要"把城中村改造与保障性住房建设结合好"。

从政策表态来看，城中村改造被赋予扩大内需和优化房地产结构的使命。2023 年 7 月 28 日，在超大特大城市积极稳步推进城中村改造工作部署电视电话会议在京召开，会议内容在推进城中村改造方面的主要目标包括以下四点：消除城市建设治理短板、改善城乡居民居住环境条件、扩大内需、优化房地产结构。其中，前两点是城中村改造具备的天然属性，后两点可能是本轮城中村改造发力的重要方向。目前，住房和城乡建设部已明确表示城中村改造将采取拆除新建、经常性整治提升和拆整结合三种模式进行改造。资金来源方面，城中村改造项目将纳入专项债支持范围，同时央行近期也表态将提供长期低成本的资金支持。

2023 年 8 月，央行、国开行相继表态加大金融支持力度。央行二季度中国货币执行政策报告中提出要"加大对……城中村改造、保障性住房建设等金融支持力度"。2023 年 9 月，政策继续推进：9 月 14 日，自然资源部印发《开展低效用地再开发试点工作的通知》，在北京等 43 个城市部署四方面 14 点主要任务，包括完善征地办法、探索不同类型用地置换模式、按一定比例建设保障性住房等，以盘活存量土地，提高土地利用效率。相关政策详见表 6-3。

表 6-3　2023 年中央对"城中村"改造政策引导

发布时间	政策/会议名称	具体内容
2023 年 4 月	中央政治局会议	在超大特大城市积极稳步推进城中村改造和"平急两用"公共基础设施建设，规划建设保障性用房。
2023 年 7 月	关于扎实有序推进城市更新工作的通知	（1）坚持政府引导、市场运作、公众参与。 （2）加强存量资源统筹利用。 （3）健全城市更新多元投融资机制，加大财政支持力度，鼓励金融机构在风险可控、商业可持续前提下，据供合理信贷支持，创新市场化投融资模式，完善居民出资分担机制，拓宽城市更新资金渠道。 （4）建立政府、企业、产权人、群众等多主体参与机制，鼓励企业依法合规盘活闲置低效存量资产，支社会力量参与。
2023 年 7 月	关于在超大特大城市积极稳步推进城中村改造的指导意见	（1）要坚持稳中求进、积极稳妥。成熟一个推进一个，实施一项做成一项。 （2）要坚持城市人民政府负主体责任，加强组织实施，科学编制改造规划计划，多渠道等措施改造资金，高效综合利用土地资源，统筹处理各方面利益诉求，并把城中村改造与保障性住房建设结合好。 （3）要充分发挥市场在资源配置中的决定性作用，更好发挥政府作用，加大对城中村改造的政策支持，积极创新改造模式，激励和支持民间资本参与，努力发展各种新业态，实现可持续运营。
2023 年 7 月	中央政治局会议	要加大保障性住房建设和供给，积极推动城中村改造和"平急两用"公共基础设施建设，盘活改造各类闲置房产。
2023 年 7 月	超大特大城市积极稳步推进城中村改造工作部署电视电话会议	城中村改造是一项复杂艰巨的系统工程，要从实际出发，采取拆除新建、整治提升、拆整结合等不同方式分类改造。

发布时间	政策/会议名称	具体内容
2023 年 8 月	2023 年下半年工作会议	强调落实好"金融 16 条",加大对住房租赁、城中村改造、保障性住房建设等金融支持力度。
2023 年 12 月	中央政治局会议	加快推进保障性住房建设、"平急两用"公共基础设施建设、城中村改造等"三大工程"。完善相关基础性制度,加快构建房地产发展新模式。

　　地方层面,各城市多在探索阶段,当前政策涉及问题主要包括工作部署(表态要积极推进城中村)、明确安置方式(房票安置+货币安置)等,详见表 6-4。其中以广州推进最迅速、政策最为丰富,落地效果也较好。从 2023 年末到 2024 年初,中建三局、中建二局、中建八局先后中标广州多个大型城中村改造项目,项目投资额在 60 亿~200 亿元不等。

表 6-4　重要城市城中村改造规划

城市	城中村改造规划
上海	2023—2025 年计划安排新启动 30 个"城中村"改造项目,每年新启动 10 个改造项目。2023 年"城中村"改造的目标任务是:新启动"城中村"改造项目 10 个,改造老旧村(居)民房屋不少于 130 万平方米,受益村(居)民不少于 4000 户。按照计划,到 2025 年底,中心城区周边"城中村"改造项目全面启动;到 2027 年底,中心城区周边"城中村"改造项目全面完成,五个新城等重点区域"城中村"改造规模化推进,同步推进实施规划拔点、环境综合整治;到 2032 年底,"城中村"改造项目全面完成。
深圳	1 月 4 日,深圳市规划和自然资源局发布关于公开征求《关于积极稳步推进城中村改造实现高质量发展的实施意见》(征求意见稿)积极稳妥推进城中村改造,采取拆除新建、整治提升、拆整结合等多种方式,加快实施 60 个城中村分类改造项目,完成 100 个老旧小区改造。
广州	广州 2024 年全年计划推进城市更新项目 494 个,完成固定资产投资 1800 亿元。至 2035 年,拟推进 272 条城中村(行政村)改造、涉及 289 个项目。
成都	《成都市城市更新建设规划(2022—2025)》提出推进 31 片城中村改造。2024 年,成都将加快推进"三大工程",实施城中村改造项目 70 个。

续　表

城市	城中村改造规划
杭州	2023 年 5 月 11 日，杭州发布《关于全面推进城市更新的实施意见》，提出要"深化城中村改造工作"，预计未来仍有一定的体量。2024 年实施城中村改造项目 59 个，完成老旧小区改造 200 个。
济南	到 2025 年，计划实施 63 个旧村庄改造（包含 55 个城中村和 8 个城边村），涉及建筑面积约 933 万平方米，居民约 3.01 万户。
青岛	新启动 20 个城中村改造，建成安置房 3.1 万套。完成 433 个老旧小区改造，一体推进周边老旧街区环境提升，加快嵌入式服务设施建设，提高物业服务品质。
武汉	坚持"留改拆建控"并举，稳步实施城中村、景中村改造，积极推进 33 个更新单元改造，完成 200 个以上老旧小区改造。

资金方面，各地的增量支持工具包括政策性银行贷款、专项债、专项借款、专项贷款（房企），以及加快审批、税费减免等；安置办法方面，各地总体采取"一城一策"，也可以采取实物和房票安置。

市场机遇方面，在基建投资收益率偏低的背景下，城中村改造有望成为 2024 年大城市建筑投资重要的政策抓手。政策层面多次表示城中村改造坚持以市场化为主导，预计以国有企业为代表的社会资本将深度参与本轮城中村改造。同时，市场化主导意味着城中村改造的收益至少能覆盖项目成本，目前很多建筑企业都在探索城中村改造适宜的商业模式。

6.3.2　保障性住房的市场发展及机遇分析

2023 年 8 月 25 日，国务院常务会议审议通过《关于规划建设保障性住房的指导意见》。这将是一轮"新房改"的开始，通过与历史和其他地区保障房比较发现，本轮保障房建设最重要的意义在于开拓了配售型保障房的新模式。

从具体财政政策方面看，财政部发布的《2023 年政府收支分类科目》中新增了"保障性租赁住房"科目。专项债投向领域中，保障性安居工程大类下面也新增了城中村改造、保障性住房两个分类。目前，政策性贷款早已参与保障房。国开行在 2022 年报中指出"全年发放保障性住房贷款

1302 亿元，筹建保障性租赁住房，惠及居民超过 27.8 万户"。未来 PSL 等长期低成本资金的进入会加大政策性金融工具对保障房建设的支持。2023 年 12 月 2 日，央行行长潘功胜接受新华社专访时明确表示"为保障性住房等'三大工程'建设提供中长期低成本资金支持"。

在支持政策方面看，2023 年 8 月，国务院常务会议审议通过《关于规划建设保障性住房的指导意见》（简称"14 号文"）给出了非常具体的安排。在经历配售型的经济适用房大规模建设后，我国现有的住房保障体系转向以实物配租为主，且主要面向低收入群体。"14 号文"明确提出，一是重点针对住房有困难且收入不高的工薪收入群体，以及城市需要的引进人才等群体，加大保障性住房建设和供给；同时国家特别支持城区常住人口 300 万以上的大城市率先探索实践。解决的便是大城市"夹心层"群体的住房困难问题。在库存压力较大的城市，利用闲置的土地和房屋库存筹建保障性住房，推动房地产市场回归良性循环。"14 号文"提出，"要充分利用依法收回的已批未建土地、房地产企业破产处置商品住房和土地、闲置住房等建设筹集保障性住房"。通过收购市场存量房屋来改建保障房，一方面可以加快保障房供应的节奏，另一方面也加快房地产市场去库存化。对于新建房源，保障性住房则以划拨方式供应土地，仅支付相应的土地成本。由城市政府"以需定建"，科学合理确定供给规模。

我国的保障性住房主要包括保障性租赁住房和配售型保障性住房两部分。

在保障性租赁住房方面，据住房和城乡建设部数据，"十四五"期间，我国计划筹集建设保障性租赁住房 870 万套（间），主要集中在 40 个重点城市。2021—2022 年已完成 360 万套，2023 年计划完成 204 万套，则 2024—2025 年剩余 306 万套的建设任务。从投资额来看，住房和城乡建设部 2023 年 9 月曾披露，各地近两年来共已建设筹集保障性租赁住房 508 万套（间），完成投资超过 5200 亿元，对应单套投资额为 10.2 万元。若假设 2024 年保障性租赁住房建设目标与 2023 年一致，均为 204 万套，则 2024 年保障性租赁住房投资额为 2088 亿元。

在配售型保障性住房方面，目前大部分城市已在筹备明年的建设项目，详见表 6-5。根据"14 号文"安排，支持城区常住人口 300 万以上的大城市率先探索实践，对应 35 个城市。2023 年 12 月 20 日，住房和城乡建设部负责人表示："目前大部分城市已按要求报送了明年的建设计划和建设项目，住房和城乡建设部正在会同有关部门督促地方将建设项目落实到具体建设地块，同时做好后续项目储备。其中上海、济南、青岛、福州、长沙等不少城市已经开工了一批项目。"未来随着各地建设计划陆续落地，配售型保障性住房建设规模有望增长，对地方固定资产投资形成一定支撑。

表 6-5 2024 年重点城市保障房规划

城市	2024 年重点城市保障房规划
深圳	建设筹集保障性住房 10 万套（间）、供应分配 6.5 万套（间）。
成都	2024 年成都市政府工作报告提出，2024 年，成都将加快推进"三大工程"，实施城中村改造项目 70 个、"平急两用"公共基础设施项目 30 个，建设保障性住房 5000 套。
杭州	新建配售型保障性住房 6000 套；实施城中村改造项目 59 个，完成老旧小区改造 200 个。
厦门	1 月 4 日，厦门市住房局透露，2024 年该市计划加大保障性租赁住房的筹集建设力度。目前已有多个项目在筹划中，如园山公交地块和五缘湾公交地块的保障性租赁住房项目，预计将新增近万套（间）房源。2023 年，厦门市通过新建、改建和盘活等多种方式，已经成功筹集了 4.22 万套（间）房源，并完成了 86 个保障性租赁住房项目的建设。
上海	2024 年，上海要持续改善市民居住条件。坚持租购并举，健全住房保障体系，建设筹措 7 万套（间）保障性租赁住房。
大连	2024 年计划在交通便捷、公共设施完备的区域，按照保本微利原则，建设 2170 套配售型保障性住房。此举旨在构建政府主导的基本保障与市场满足多层次需求的住房供应体系，推动商品房和保障房"双轮驱动"，满足不同群体的购房需求。
天津	2024 全年开工建设 5000 套（间），支持园区和企业建设宿舍型保障租赁住房。
广州	2024 年建立健全租购并举的住房保障体系，筹建配售型保障性住房 1 万套、保障性租赁住房 10 万套，发放住房租赁补贴 1.8 万户，统筹解决城市户籍人口和引进人才住房问题。

城市	2024 年重点城市保障房规划
北京	2024 年计划建设筹集保障性租赁住房 7 万套，并竣工各类保障性住房 8 万套。
沈阳	2024 年筹集保障性租赁住房 5000 套，同时筹集配售型保障性住房 2200 套。

6.3.3　"平急两用"基础设施的市场发展及机遇分析

2023 年 4 月政治局会议提出"在超大特大城市积极稳步推进城中村改造和'平急两用'公共基础设施建设"，7 月会议再度强调要"积极推动"，同时中央层面密集发声，例如 7 月国务院召开"积极稳步推进超大特大城市'平急两用'公共基础设施建设工作部署电视电话会议"，提出"推动'平急两用'公共基础设施建设尽快落地见效"，此后地方层面陆续推进，"平急两用"基础设施项目或成为稳增长的抓手之一。

从涉及领域来看，据不完全统计，平急两用相关工程出现频次较多的包括文旅、酒店民宿、公共卫生、城郊大仓物流、应急避灾等，分别对应文化旅游业、住宿业、医疗行业、仓储物流行业、水利环境与公共设施管理行业。

从资金来源来看，据不完全统计，"平急两用"相关工程的支持资金多来自政策银行和商业银行。比如 2023 年 10 月沈阳市表态将"积极争取国家资金，加强与国开行、农发行等政策性银行对接，推动项目落地落实"。2023 年 10 月武汉市首批"平急两用"公共基础设施建设项目推介会中，涉及的金融主体为"6 家银行"；2023 年 9 月杭州市《"平急两用"公共基础设施建设第一批项目清单》的项目中，涉及的金融主体包括"国家开发银行浙江省分行、中国进出口银行浙江省分行、中国农业发展银行浙江省分行、中国工商银行杭州分行等 9 家银行"；2023 年 9 月成都产业集团天府综保区项目的支持单位为国家开发银行四川省分行，详见表 6-6。

表 6-6 "平急两用"工程资金来源

时间	城市	出处	资金来源
2023 年 10 月	沈阳	沈阳市巩固增势推动经济持续回升向好若干政策举措（征求意见）	积极争取国家资金，加强与国开行、农发行等政策性银行对接，推动项目落地落实。
2023 年 9 月	杭州	"平急两用"公共基础设施建设第一批项目清单	国家开发银行浙江省分行、中国进出口银行浙江省分行、中国农业发展银行浙江省分行、中国工商银行杭州分行等 9 家银行将分别为上述项目提供金融支持。
2023 年 10 月	武汉	武汉市首批"平急两用"公共基础设施建设项目推介会	共有 20 个"平急两用"项目与 6 家银行达成合作意向
2023 年 9 月	成都	关于成都产业集团天府综保区项目成功落地的报道	成都产业集团与国家开发银行四川省分行积极合作，授信金额 2.9 亿元。

预计 2024 年"平急两用"基础设施涉及的城市主要是超大特大城市，推动的主要项目应用场景相对有限，但亮点较多，特别是将疫情时期建设的大量隔离点建筑、集装箱房等改造为商业建筑的较多。比如成都市新都区将防疫基础设施转变为"平"时用途，例如将隔离点集装箱改造为公共驿站，将核酸采样舱改造为司机之家等，获得国家发展改革委肯定并在全国"平急两用"设施建设调研暨现场会分享经验。此外北京市平谷区在 2023 年提出"平急两用"基础设施建设的"吃、住、行、医、集中承载"五大应用场景，分别为农副产品保供基地、综合物流枢纽、旅游居住设施、高速服务区、医疗体系，该类设施在平时可用于服务民生，特殊状态下可以快速转变为应急用途，详见表 6-7。

表 6-7　"平急两用"工程各地区案例

地区	时间	主要内容	业态
湖南省长沙市	2024 年 1 月	长沙市"平急两用"公共基础设施建设项目推介会上，8 个项目集中签约，签约项目总投资 104.36 亿元，授信额度 84.96 亿元。具备隔离功能的旅游居住设施项目 4 个，授信 13.96 亿元；城郊大仓基地项目 4 个，授信 71 亿元。项目推介会上发布《湖南省"平急两用"公共基础设施首批储备项目清单》，截至目前，湖南省首批储备项目 69 个，总投资约 588 亿元，其中长沙市储备项目 33 个，总投资 408 亿元。	旅游居住设施、城郊大仓
湖北省武汉市	2023 年 10 月	首批推介项目共 23 个，总投资 162.5 亿元，融资需求 107.7 亿元，其中，具有隔离功能的旅游居住设施 14 个，总投资 58.4 亿元，融资需求 57.3 亿元；城郊大仓基地项目 9 个，总投资 104.1 亿元，融资需求 50.4 亿元。已初步达成合作意向项目 20 个，初步落实融资需求 74.5 亿元。	旅游居住设施、城郊大仓
济南市莱芜区	2023 年 8 月	发布全区"平急两用"公共基础设施建设工作的议题解读，提到各有关部门单位策划储备项目共 39 个，其中旅游居住设施项目 14 个、医疗应急服务项目 11 个、城郊大仓基地项目 11 个、城市更新领域项目 3 个。	旅游居住设施、仓库、医疗应急
浙江省杭州市	2023 年 9 月	发布《"平急两用"公共基础设施建设第一批项目清单》，首批共 87 个项目，投资金额超 400 亿元，并计划于 2024 年开工建设。首批 87 个项目中医疗卫生建设项目 23 个，打包改造项目 8 个，总投资 98.9 亿元；城郊大仓项目 7 个，总投资 82.2 亿元；酒店民宿项目 46 个，房间数 13928 个，总投资约 193 亿元；高速服务区 3 个，总投资 37.5 亿元。	医疗卫生建设项目、城郊大仓、酒店民宿、高速服务区

从具体项目来看，投资主体包括政府平台公司及一些市场化投资企业。项目整体体量不大，比如浙江省杭州市提出的具体项目包只有不到400亿元（包括招商项目），包括酒店民宿项目46个，总投资约193亿元；医疗卫生建设项目23个，打包改造项目8个，合计投资98.9亿元；城郊大仓项目7个，总投资82.2亿元；高速服务区3个，总投资37.5亿元，详见图6-6。

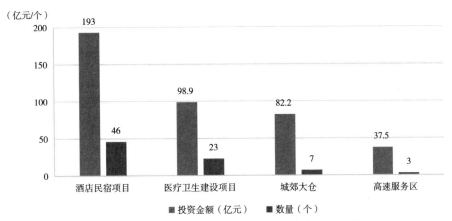

图6-6　杭州市"平急两用"首批项目投资额及项目数量

6.3.4　新能源行业的市场发展及机遇分析

绿色低碳成为我国能源发展主旋律，"十四五"时期是碳达峰的关键期、窗口期，能源发展转型任务更加紧迫，我国正在加紧打造清洁低碳能源生产消费体系。随着全球对于可持续发展和环境保护的关注日益增加，新能源产业正迎来前所未有的发展机遇。我国目前实施可再生能源替代行动，加大力度规划建设以大型风电光伏基地为基础、以其周边清洁高效先进节能的煤电为支撑、以稳定安全可靠的特高压输变电线路为载体的新能源供给消纳体系。同时积极稳妥发展水电、光伏、风电、核电，在2023年开工建设了一批重大工程项目。

2024年将是新能源领域迈向新高度的重要一年。2023年，全国全社会用电量9.22万亿千瓦·时，人均用电量6539千瓦·时；全社会用电量同比增长6.7%，增速比2022年提高3.1%。根据中国电力企业联合会（简称中电联）发布的《2023—2024 年度全国电力供需形势分析预测报告》，预计到 2024 年，全年全社会用电量同比 2023 年增长 6%；全国发电装机新增装机将突破 3 亿千瓦，其中，新能源发电累计装机规模将首次超过煤电装机规模。2023 年各季度全社会用电量同比分别增长 3.6%、6.4%、6.6% 和 10.0%，同比增速逐季上升；预计 2024 年全国统调最高用电负荷 14.5 亿千瓦，比 2023 年增加 1 亿千瓦左右。在供电端，预计 2024 年，新投产发电装机规模将再超 3 亿千瓦。其中新能源发电累计装机规模将首次超过煤电装机规模。

中电联预测：2024 年底，全国发电装机容量预计达到 32.5 亿千瓦，同比增长 12% 左右，详见图 6-7。火电 14.6 亿千瓦，其中煤电 12 亿千瓦左右，占总装机比重降至 37%。非化石能源发电装机合计 18.6 亿千瓦，占总装机的比重上升至 57% 左右；其中，并网风电 5.3 亿千瓦、并网太阳能发电 7.8 亿千瓦，并网风电和太阳能发电合计装机规模将超过煤电装机，占总装机比重上升至 40% 左右。

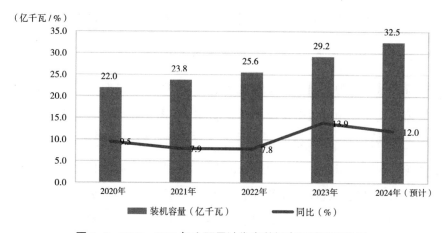

图 6-7　2020—2024 年全国累计发电装机容量预测趋势图

随着风光大基地规模化建设不断推进，新能源电力提升和消纳利用之间的矛盾也日益突出。为有效保障新能源消纳，2023 年以来，一批特高压电网工程、抽水蓄能电站项目密集开工，对于保障电力安全可靠供应、助力新型能源体系建设和新能源高质量发展具有重要意义。2024 年，抽水蓄能电站项目和大量的储能电站（电化学储能、压缩空气储能）以及氢能基础设施成为新能源领域投资的重点。

在新能源装机占比快速提升的背景下，煤电的重要性更加凸显。目前来看，发展风电、光伏等新能源尚不对煤电机组形成有效替代。首先，为保障电力供应安全，需要建设一定的煤电项目。在新能源装机量不断提升背景下，由于风、光波动性、不稳定性等特征，煤电更能满足电力平衡要求，保障电力供应。其次，给电力系统提供电压、频率和转动惯量支撑，保障电力系统运行安全。

值得注意的是，2023 年，新能源并网指标开始减少，部分地区如山东省现货交易价格为负电价。这与山东电力系统缺少常规水电、燃机等灵活调节性电源，调峰能力不足，手段相对单一等短板有关。2024 年，由于新能源供给攀升，需求下滑，因供需之差、电网弹性弱而催生的负电价可视为中国电力来源转型阵痛。但新能源装机量上升态势依然明显。

6.3.5 水利行业的市场发展及机遇分析

我国已建成世界规模最大、范围最广、受益人口最多的水利基础设施体系。2020 年国务院规划 150 项重大水利工程项目，带动近年水利投资强劲增长。主要包括防洪减灾、水资源优化配置、灌溉节水和供水、水生态保护修复、智慧水利等 5 大类，总投资约 1.29 万亿元，带动直接和间接投资约 6.6 万亿元，工程实施后，预计可新增防洪库容约 90 亿立方米，新增灌溉面积约 2800 万亩，增加年供水能力约 420 亿立方米。

我国水资源分布不均衡，呈现"夏汛冬枯、北缺南丰"的时空格局。南水北调工程的实施已极大缓解了华北地区水资源短缺问题，但西部（如新疆、甘肃、内蒙古等多地）水资源短缺问题有待解决。近年来洪涝灾害频繁多发，尤其是 2023 年更多洪涝灾害发生在水利基础设施相对不够完善的北方地区，防洪减灾成为水利投资的主要矛盾。2023 年 7—8 月海河、松江流域发生特大洪水，合计因洪涝灾害造成的直接经济损失接近 400 亿元。与过去灾情特征不同，近年来我国洪涝受灾情况逐渐呈现"北多南少、北重南轻"的趋势，北方地区水利防洪工程的巩固完善需要得到更高重视。

2023 年 5 月，中共中央、国务院印发《国家水网建设规划纲要》（以下简称《规划纲要》），为水利投资带来长期增量。《规划纲要》提出要构建"系统完备、安全可靠，集约高效、绿色智能，循环通畅、调控有序"的国家水网，提出"到 2035 年，基本形成国家水网总体格局，国家水网主骨架和大动脉逐步建成，省市县水网基本完善，构建与基本实现社会主义现代化相适应的国家水安全保障体系"的目标。在 5 月 26 日国新办"加快推进国家水网建设 提高国家水安全保障能力"新闻发布会上，水利部副部长王道席提到，在去年开工了多项具有战略意义的水网骨干工程的基础上，今年要继续开工建设西藏拉萨旁多引水、福建金门供水水源保障、四川向家坝一期二步等 15 项水网工程，有望为水利建设投资带来新的增量。事实上，2022 年，水利部确定了包括广东、广西、浙江等在内的 7 个省份作为第一批省级水网先导区，明确项目超过 2500 个，当年 7 个先导区省份完成水利建设投资 3501 亿元，较上年增幅 50%，占全国水利建设总投资的 32%，水网建设对水利投资的拉动作用进一步凸显。

根据水利部数据，2022 年水利投资首次突破 10000 亿元，较上年增长 44%。2023 年水利建设完成投资约 12000 亿元，较 2022 年增长 10.1%，详见图 6-8。

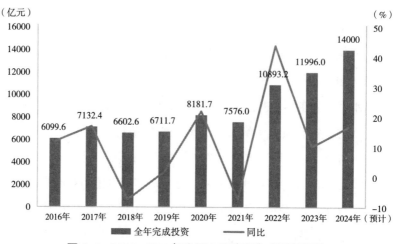

图 6-8 2016—2023 年全国水利建设完成投资情况

2023 年 10 月 24 日，全国人大常委会批准增发国债 10000 亿元用于支持灾后恢复重建和提升防灾救灾减灾能力。据财政部介绍，资金将重点用于八大方面：灾后恢复重建、重点防洪治理工程、自然灾害应急能力提升工程、其他重点防洪工程、灌区建设改造和重点水土流失治理工程、城市排水防涝能力提升行动、重点自然灾害综合防治体系建设工程、东北地区和京津冀受灾地区等高标准农田建设。其中投资体量较大的有灾后恢复重建和重点防洪工程，预计年度投资都在 1000 亿元以上，详见表 6-8。

2024 年预计水利投资在 13000 亿~15000 亿元。

表 6-8　水利项目规划及投资金额

工程类型	主要内容	投资金额
防洪减灾	流域防洪工程体系：2024 年将完成长江流域、黄河流域、淮河流域、海河流域、珠江流域、松辽流域、太湖流域七大流域防洪规划修编基础工作。	2023 年完成投资 3227 亿元。
水资源优化配置	南水北调工程："十四五"规划纲要明确提出，推动南水北调东中线后续工程建设，深化南水北调西线工程方案比选论证。	西线一期工程计划投资 2000 多亿元。
	国家水网重大工程：2022 年，水利部确定了包括广东、广西、浙江等在内的 7 个省份作为第一批省级水网先导区，明确项目超过 2500 个。7 个先导区省份完成水利建设投资 3501 亿元，占全国水利建设总投资的 32%。	2023 年完成投资 5665 亿元。
灌溉节水和供水	灌区现代化建设：2023 年，5 处大型灌区开工建设，598 处大中型灌区建设与现代化改造加快推进，建成后将新增恢复改善灌溉面积约 7000 万亩。"十四五"期间，计划新增灌溉面积约 2800 万亩。 农村供水开工工程：2023 年，建设工程 2.3 万处，提升 1.1 亿农村人口供水保障水平，农村自来水普及率达 90%，规模化供水工程覆盖农村人口比例达 60%。"十四五"期间，计划增加年供水能力约 420 亿立方米。	
水生态保护修复	河湖生态流量管理：2024 年，开展 7400 条（个）河湖健康评价，加快推进 88 条（个）母亲河（湖）复苏行动。 水土流失综合治理：全年新增水土流失治理面积 6.2 万平方千米以上。	2023 年河湖生态环境复苏完成投资 2079 亿元。

续　表

工程类型	主要内容	投资金额
智慧水利	数字孪生建设：深化南水北调东中线数字孪生应用。迭代优化三峡、小浪底、丹江口、岳城、尼尔基、江垭皂市、万家寨、南四湖二级坝、大藤峡、太浦闸等数字孪生成果。	2023 年 完成投资 1025 亿元（水文基础设施、智慧水利等其他项目）。

6.3.6　生态环保的市场发展及机遇分析

2024 年 1 月 11 日，中共中央、国务院发布《关于全面推进美丽中国建设的意见》（以下简称《意见》），对全面推进美丽中国建设，加快推进人与自然和谐共生的现代化进行全面部署，标志着我国生态文明建设进入一个新的发展阶段。《意见》围绕到 2027 年和到 2035 年美丽中国建设的主要目标、重大任务和重大改革举措，部署了以下重点任务：加快发展方式绿色转型、持续深入推进污染防治攻坚、提升生态系统多样性稳定性持续性、守牢美丽中国建设安全底线、打造美丽中国建设示范样板、开展美丽中国建设全民行动、健全美丽中国建设保障体系等。《意见》对于美丽中国建设的主要目标、重大任务和重大改革举措主要分三个时间阶段推进：第一个阶段截至 2027 年，目前规划的大部分政策都是面向这个重要的时间点，第二个阶段截至 2035 年，第三阶段截至 21 世纪中叶，面向我们国家第二个百年目标。

中国政府在环保和生态领域连续发布了一系列重要文件和政策，以促进绿色发展和推动生态文明建设。其中，《生态环境导向的开发（EOD）项目实施导则》和《中国生物多样性保护战略与行动计划》等政策表明了中国政府高度重视生态环境保护和绿色发展。另外，中共中央、国务院发布了《关于全面推进美丽中国建设的意见》，对全面推进美丽中国建设进行了全面部署，着力加快推进人与自然和谐共生的现代化。与此同时，政府相关部门也在金融、工业等领域推出了一系列政策和文件，促进行业转型升级和绿色发展。例如，国务院常务会议审议通过了《碳排放权交易管理暂行条例（草案）》，生态环境部召开 2024 年生态环境保护工作会议，工业和信息化部、国家发展改革委发布《制造业中试创新发展实施意见》等，都表明了政府积极推动绿色经济发展的态度和努力，详见表 6-9。

2024 年 1 月，生态环境部、农业农村部联合发布的《关于进一步推进农村生活污水治理的指导意见》明确，农村生活污水处理技术或技术组合的选择，要统筹考虑污水水质水量及其变化特点，以及区域水环境改善需求。在环保行业发展方向上，城市黑臭水体和大部分流域治理已基本完成，预计 2024 年及未来生态环保行业将主要面向综合水利、水务及管网建设、城乡供水一体化、流域治理及生态城镇开发建设、土壤修复、矿山修复、城市垃圾填埋场修复、城市污水、污泥处理以及荒漠化治理、固废处置，此外在土壤修复、环境服务和生态城市建设上的模式创新、工业园区第三方治理、环境综合治理托管服务上也有很多工程机遇。

2024 年，城市污水管网整治攻坚带来的工程机遇较多。比如 2023 年 10 月 7 日，安徽省住建厅公布的《安徽省城市污水管网整治攻坚行动方案（2023—2025 年）》明确，到 2025 年，全省设市城市基本完成建成区市政污水管网修复改造，城市生活污水集中收集率达到 70% 以上。要加快补齐城市污水收集处理设施短板，切实解决城市突出生态环境问题，全面提升城市污水处理效能和水平。由于"长江大保护战略"的实施，湖北、湖南、重庆、安徽等长江流域将流域综合治理与乡村振兴有机结合，统筹推进水污染防治、水生态修复、水资源保护，探索转变生产生活方式、实现绿色低碳发展的路径和模式，将带来很多环境保护相关的工程项目。

表 6-9 生态环保主要政策

政策	主要内容	工程类型
《中国生物多样性保护战略与行动计划（2023—2030 年）》	到 2030 年，国家生物多样性监测网络基本建成。至少 30% 的陆地、内陆水域、沿海和海洋退化生态系统得到有效恢复，至少 30% 的陆地、内陆水域、沿海和海洋区域得到有效保护和管理，以国家公园为主体的自然保护地面积占陆域国土面积的 18% 左右，陆域生态保护红线面积不低于陆域国土面积的 30%，海洋生态保护红线面积不低于 15 万平方千米，利用遗传资源和 DSI（数字化序列信息）及其相关传统知识所产生的惠益得到公正和公平分享。	保护生物多样性

政策	主要内容	工程类型
《生态环境导向的开发（EOD）项目实施导则（试行）》	安徽、福建、江苏、山东、浙江、湖北、广西等省份相继开展省级 EOD 试点，纷纷出台创新政策。江苏省对 EOD 项目优先提供"环保贷""环保担"支持，省财政给予资金奖励。广西开发"桂惠贷-生态贷"，贴息比例为 3%，贴息一年，最高可贴息 500 万元。安徽、福建等省对 EOD 项目予以绿色金融倾斜支持，优先给予要素保障。	生态环境保护
《碳排放权交易管理暂行条例》	《碳排放权交易管理暂行条例》（以下简称《条例》）将自 2024 年 5 月 1 日起施行。《条例》构建了碳排放权交易管理基本制度框架，并对重点排放单位及技术服务机构制定了一系列处罚制度，严格防范和惩处碳排放数据造假行为。	行业转型升级
《关于进一步推进农村生活污水治理的指导意见》	(1) 健全农村生活污水治理机制。鼓励建立县（市、区）政府主导、法人主体建设运维、部门监管、村民参与的污水治理机制。 (2) 发挥规划引领作用。鼓励各县（市、区）以县域为单位编制或修订农村生活污水治理规划或方案，可纳入县域农村人居环境整治规划或方案统筹考虑，合理确定农村生活污水治理（管控）率目标任务和工作时序。 (3) 科学确定治理成效评判基本标准。以改变污水造成的脏乱差状况和环境污染，杜绝未经处理直排环境为导向，实现"三基本"：基本看不到污水横流，基本闻不到臭味，基本听不到村民怨言。 (4) 因地制宜选择治理模式和技术。优先采取资源化利用的治理模式。常住人口较少、居住分散，以及具备适宜环境消纳能力（包括水环境容量、土地消纳能力）的村庄，特别是位于非环境敏感区，或者干旱缺水的村庄。 (5) 加强农村改厕与农村生活污水治理的有效衔接。鼓励推广有利于粪污资源化利用的改厕技术，加强粪污收集利用体系建设，加强粪污收集利用体系建设。 (6) 强化污水收集系统和处理设施建设和运维质量管理。 (7) 有序推进农村生活污水处理设施分类整改。	农村生活污水治理

续　表

政策	主要内容	工程类型
《"十四五"城镇污水处理及资源化利用发展规划》	"十四五"期间，新增和改造污水收集管网 8 万千米。新增污水处理能力 2000 万立方米/日。新建、改建和扩建再生水生产能力不少于 1500 万立方米/日。新增污泥（含水率 80% 的湿污泥）无害化处置设施规模不少于 2 万吨/日。	城镇污水处理

6.3.7　全域土地整治及高标准农田的市场机遇分析

2019 年 12 月，自然资源部印发《自然资源部关于开展全域土地综合整治试点工作的通知》（自然资发〔2019〕194 号），提出组织开展全域土地综合整治试点工作："以科学合理规划为前提，以乡镇为基本实施单元（整治区域可以是乡镇全部或部分村庄），整体推进农用地整理、建设用地整理和乡村生态保护修复，优化生产、生活、生态空间格局，促进耕地保护和土地集约节约利用，改善农村人居环境，助推乡村全面振兴。"

全域土地综合整治的"全域"体现在，一是对田水路林村矿等土地生产全要素进行整治，二是对山水林田湖草等生态全要素进行生态保护修复，三是对生产（农用地整理）、生活（建设用地整理）、生态空间（生态保护修复）等国土全空间进行全域优化布局。

全域土地综合整治项目大多数采用"社会投资人+EPC+O"模式实施，即区政府授权平台公司作为项目实施主体，实施主体通过公开招标方式选定社会投资人，实施主体和社会投资人共同出资成立项目公司，项目公司负责项目投融资、勘察设计、工程建设、监理、审计、运营、移交等相关工作。

全域土地综合整治项目大多数涉及低效土地整理、损毁土地复垦、未利用土地开发和污染、退化土地修复。盈利模式主要依靠耕地指标和增减挂钩指标交易。这类项目从 2020 年试点以来，项目主要在农业产业比例较大的区域，另外在浙江、广东等土地指标需求较多的地区项目也较多。详见表 6-10。

表 6-10　全域土地整治主要工作内容

工作内容	具体内容
村庄规划统筹	要按照"多规合一"要求编制村庄规划，作为开展全域国土综合整治的依据。村庄规划包括整治目标、整治区域、整治内容、空间布局、投资来源等。
三大空间整治	生产空间综合整治（农用地整理）：高标准农田建设、耕地后备资源开发、旱地改水田、农田基础设施建设、耕地质量提升等。 生活空间综合整治（建设用地整理）：农村宅基地整理、低效闲置建设用地整理、工矿废弃地整理等。 生态空间综合整治（生态保护修复）：优化调整生态用地布局；保护和恢复乡村生态功能，保持乡村自然景观；确保整治区域生态保护红线不突破。
政策配套机制	改变"单打一"的局面，坚持政府主导、部门协同，统筹各类项目和资金，打通政策，创新机制，整合相关审批事项等。
整治模式创新	针对不同村、不同对象、不同类型，采取不同的整治模式，打造产业生态融合型、乡村旅游带动型、农田整治保护型、特色村庄改造修复型、城镇低效用地整治型和现代农业引领型等实施模式。

全域土地综合整治项目 70% 以上的资金依靠指标交易和社会资本投入，受众多因素影响。现阶段有些省份补充耕地指标和增减挂钩指标交易市场不活跃，同时受经济下行影响，很多地区市、县政府财政困难，各地指标交易收益反哺项目建设的承诺兑现、项目后续资金保障存在风险。

6.3.8　高技术含量工厂（电子厂房）类市场机遇分析

洁净室行业随着制造业对生产环境要求逐渐提升孕育而生。洁净室也称无尘室，是指将一定空间范围内空气中的微粒子、有害气体、细菌等微污染物排除，并将室内的洁净度、温度、湿度、压力、气流速度与流向、噪声、电磁干扰、微振动、照度、静电等控制在某一需求范围内，而给予特别设计的空间。

洁净室行业起源于美国和苏联航天事业的发展，使得精密机器加工和电子仪器生产对环境要求更高，催生了层流技术和百级洁净室。之后，随着 IC 半导体开始进入高速发展期，对生产空间的洁净度提出新的要求，使得民用领域洁净技术得以迅速发展。同时，医疗制药、精细化工、光电精密仪器、食品工业等产业对洁净技术要求也逐步提高，促进了科学技术和工业技术的发展。2008年后，全球电子信息、医药医疗、航空航天等高新技术产业迅速恢复和发展，在很大程度上激发了世界洁净室工程行业的市场潜力。

中国电子学会数据显示，2014—2023年我国洁净室工程行业市场规模从680亿元增长至2500亿元，年均复合增长率在15%左右，详见图6-9。随着中国半导体、光电、光伏等产业的崛起和高端转型，中国已成为世界洁净室工程产业的主要市场和未来发展中心。"十四五"规划明确聚焦新一代信息技术、生物技术、新能源、新材料、高端装备、新能源汽车、绿色环保以及航空航天、海洋装备等战略性新兴产业，加快关键核心技术创新应用，加快生物医药、生物育种、生物材料、生物能源等产业的发展。未来，以上高科技产业的快速发展或将进一步带动洁净室市场规模的高速增长。

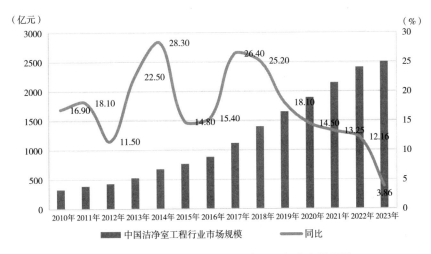

图6-9　2010—2023年中国洁净室工程行业市场规模

从事综合业务经营模式是目前行业龙头主要发展方向。综合业务模式需要参与洁净室设计、采购、系统集成、二次配、运行维护等多个业务环节。还有"工程施工设计+采购+施工"模式（EPC模式）和"工程施工设计+采购+施工+维护"（EPCO模式）。

2024 年，我国电子信息、医药医疗、航空航天、精细化工、光电精密仪器、食品工业等高新技术产业迅速恢复和发展，在很大程度上将激发洁净室工程行业的市场潜力。其中半导体领域专业化洁净室工程需求明显。由于近年来美国对中国半导体制裁加剧，我国在半导体领域实施了多项扶持政策，例如财政补贴、税收优惠、技术创新支持等，以促进半导体产业的发展。其中，最重要的一环是加大对半导体产业的投资，提高半导体自主可控水平。当前国内芯片大厂积极布局，国内晶圆代工厂扩产潮持续推进。

半导体产业投资规模大，建设周期长。半导体洁净室的建设周期普遍较长，以晶圆厂为例，从建厂到投产至少需要两年，并且厂区面积较大，每层面积可达 3 万~4 万平方米以上。此外，厂房单体投资规模较大，每个工厂至少需投资 100 亿~150 亿美元。还包括每年运营成本 10 亿~30 亿美元。而在摩尔定律的推动下，一个工厂每年还要进行固定资产投入来推动生产技术进步，年均投资额 30 亿~50 亿美元。在这个过程中，厂房对于洁净室的稳定性要求很高，直接关系到产品的良率。因此为了降低投资风险，业主通常会选择经验丰富、有历史业绩可考、行业内领先的工程服务企业进行合作。

6.3.9　新型基建的市场发展及机遇分析

新型基础设施建设的意义在于惠民生、稳增长、补短板、调结构和促创新。根据中央系列重要会议和文献的相关表述，结合当前中国科技和经济社会发展状况，一般将新基建涉及的主要领域归纳为 7 个方面，即 5G 基建、人工智能、大数据中心、工业互联网、城际高速铁路和城际轨道交通、特高压、新能源汽车充电桩。面对数字化转型的浪潮，新兴数字技术的支撑作用愈发明显。

以 5G 基建为例，2023 年，我国 5G 网络建设超额完成年新增目标。根据中国信通院数据，我国已完成全国所有地级市、县城城区的 5G 网络覆盖，年度新建 5G 基站数超额完成。根据工信部数据，截至 2023 年 10 月底，已建设开通 5G 基站累计达到 321.5 万个，占我国移动基站总数的 28.1%。其中，2023 年 1—10 月我国新增 5G 基站达 90.3 万个，超额完成

60 万的年新增目标；每万人基站数达 22.8 个，已达到《"十四五"信息通信行业发展规划》目标的 87.7%。到 2023 年底，我国 5G 共建共享基站超 150 万个，推动构建高效绿色、建设集约的低碳通信网络。

2023 年 12 月，国家发展改革委、国家数据局、中央网信办、工业和信息化部、国家能源局等五部门联合印发《深入实施"东数西算"工程加快构建全国一体化算力网的实施意见》（以下简称实施意见）。根据意见，我国将在 2024 年推进多元异构算力融合发展，智能算力占比逐渐提升。实施意见提出，加强新型算力基础设施系统设计，建设涵盖通用计算、智能计算、超级计算的融合算力中心，促进不同计算精度算力资源服务有机协同。伴随智能算力渗透率快速提升，推动多元异构算力协同发展，未来算力基础设施建设将维持高增长，相关的工程投资、施工建设将加快。同时实施意见指出，到 2025 年底，算力电力双向协同机制初步形成，国家枢纽节点新建数据中心绿电占比超过 80%。未来数据中心绿电使用率提升将推进绿色算力进一步发展，有效赋能千行百业节能降碳。

需要说明的是，新基建类工程，特别是 5G 基建的施工并非传统的土建类施工，主要是电信工程承包商来进行安装和工程建设。

再以特高压工程为例，特高压是一种输电技术，可以在极远距离内高效传输大量电能。与传统的输电系统相比，特高压输电系统具有输电距离远、输电能力强、损耗小、占地少等优点。特高压工程投资方在中国主要是国家电网公司和南方电网公司。

国家电网公司董事长、党组书记辛保安曾披露，"十四五"期间国家电网计划投入 3500 亿美元（约合 2.23 万亿元），推进电网转型升级。2022 年国家电网计划投资 5012 亿元，达到历史最高水平，预计带动社会投资超过 1 万亿元。其中，配电网建设投资超过 1.2 万亿元，占电网建设总投资的 60% 以上。

南方电网发布的《南方电网"十四五"电网发展规划》指出，"十四五"期间总体电网建设将规划投资约 6700 亿元（较"十三五"增加 51%），推动基础设施智慧融合发展，促进变电站、充换电站、储能站、数据中心、5G 基站、北斗基站等"多站合一"融合建设。将配电网建设列入"十四五"工作重点，规划投资达 3200 亿元。

2023 年是特高压建设高峰期。特高压工程建设周期长，通常在一年半到两年。前期可行性研究阶段一般在半年，核准通常在半年到一年，核准到招标一般在半个月左右。预计 2024—2025 年平均每年特高压行业总体投资额在 800 亿~900 亿元。

特别值得说明的是，新型基建的投资方、组织方和施工建设方都与传统基础设施有很大的差别，传统的建筑企业要进入这个领域需要在资质、业绩、供应链和人才方面做大量的储备。

6.4　未来建筑行业发展的新蓝海

6.4.1　绿色建筑市场前景分析

绿色建筑是当前全球化可持续发展战略在建筑领域的具体体现，但由于各国在地域、观念和技术等方面的差异，目前在国际上尚无一致定义。共同点在于强调因地制宜地采用节能技术，对建筑的风、光、热、声环境充分利用。根据我国《绿色建筑评价标准》（GB/T50378—2019），绿色建筑是指：在全寿命期内，节约资源、保护环境、减少污染，为人们提供健康、适用、高效的使用空间，最大限度地实现人与自然和谐共生的高质量建筑。

绿色建筑产业链可分为三个主要环节，涵盖建筑科技服务、建筑制造和配套服务业。具体分为：上游环节则专注于提供相关服务，如建筑规划设计、勘察检测、认证服务等，同时还包括新技术、新方法、新设备和新材料的研究与开发工作。中游环节主要关注建造过程，包括工业化建造方法、绿色建筑材料（涵盖建筑材料的回收与再利用）及设备的生产，以及实现绿色施工的各项措施。下游环节涉及绿色建筑的配套服务，这包括绿色建筑在节能、节水、节材和室内环境管理方面的服务，以及以绿色建筑为基础提供的综合性绿色服务业务。

在追求"双碳"目标的背景下，建筑行业正面临着转型升级的紧迫需求。绿色建筑作为一种在建筑全周期内实现节能减排的有效策略，对于行业的转型具有重要意义。中国长期致力于应对全球气候变化挑战，而"十四五"规划期被视为实现"双碳"目标的关键阶段。尽管建筑行业的总产值仅占全国总 GDP 约 7%，其在整个建筑周期内的能源消耗和碳排放却约占全国总量的 50%，显示出该行业在节能减排方面的巨大潜力。因此，传统建筑行业的转型升级迫在眉睫，而整合各种节能技术的绿色建筑将成为推动建筑行业节能减排的关键。

中国的《"十四五"建筑节能与绿色建筑发展规划》提出，到 2025 年达成关键目标，包括对既有建筑进行节能改造，涵盖的面积为 3.5 亿平方米，同时建设超低能耗和近零能耗建筑面积超过 0.5 亿平方米。为了推进绿色建筑的全面发展，包括北京、天津、上海、重庆和江苏在内的十几个省份已经开始在新建建筑项目中强制推广绿色建筑标准。此外，多个省份，如北京、内蒙古、山西、上海等，已经实施了一系列激励措施，包括财政奖励、税费返还、容积率奖励、贷款利率优惠以及表彰奖励等，以鼓励高星级绿色建筑项目的建设和运营。这些措施预示着中国的绿色建筑市场将同时侧重于新建项目和既有建筑的改造，形成"双轨并进"的发展模式。"十四五"绿色建筑指标详见表 6-11。

表 6-11　"十四五"绿色建筑指标

主要指标	2025 年
既有建筑节能改造面积（亿平方米）	3.5
建设超低能耗、近零能耗建筑面积（亿平方米）	0.5
城镇新建建筑中装配式建筑比例（%）	30
新增建筑太阳能光伏装机容量（亿千瓦）	0.5
新增地热能建筑应用面积（亿平方米）	1.0
城镇建筑可再生能源替代率（%）	8
建筑能耗中电力消费比例（%）	55

目前，中国的绿色建筑发展主要集中在新建项目上，着眼于从源头减少建筑的能耗和环境影响。然而，鉴于大量既有建筑的能耗高且环境表现差，这些建筑的改造和技术升级变得尤为迫切。根据《"十四五"建筑节

能与绿色建筑发展规划》，绿色建筑创建行动特别强调了将城镇民用建筑作为主要的创建对象，指导新建、改扩建以及既有建筑遵循绿色建筑标准进行设计、施工、运营和改造，以促进建筑行业的绿色转型。各地区政策文件详见表 6-12。

表 6-12 "十四五"绿色建筑各地区政策文件

省份	政策文件	激励措施	最高补贴金额（万元）
北京	北京市建筑绿色发展奖励资金示范项目管理实施细则（试行）	（1）公共建筑节能绿色化改造项目按照核定奖励面积给予每平方米不超过 20 元的市级奖励资金。 （2）超低能耗建筑按照实施建筑面积给予每平方米不超过 200 元的市级奖励资金。 （3）AA 级以上装配式建筑，按照实施建筑面积给予每平方米不超过 120 元的市级奖励资金。 （4）取得三星级绿色建筑标识且投入使用一年以上的新建项目和取得二星级以上绿色建筑标识的既有项目，按照实施建筑面积给予每平方米不超过 60 元的市级奖励资金。	600（超低能耗建筑单个示范项目） 1000（AA 级以上装配式建筑单个示范项目） 600（取得三星级绿色建筑标识且投入使用一年以上的新建项目和取得二星级以上绿色建筑标识的既有项目单个示范项目）
内蒙古	关于积极发展绿色建筑的意见	对于取得三星级绿色建筑标识的减免城市配套费 100%，取得二星级绿色建筑标识的减免城市配套费 70%，取得一星级绿色建筑标识的减免城市配套费 50%。	
山西	关于印发山西转型综改示范区绿色建筑扶持办法（试行）的通知	（1）绿色工业建筑项目，国标二星级 100 元/平方米奖励，单个项目最高不超过 200 万元；国标三星级 150 元/平方米奖励，单个项目最高不超过 300 万元。 （2）绿色民用建筑项目，省标三星级 100 元/平方米奖励，单个项目最高不超过 200 万元。 （3）获评为近零能耗的建筑，按其地上建筑面积给予 200 元/平方米奖励，单个项目最高不超过 300 万元。	

省份	政策文件	激励措施	最高补贴金额（万元）
上海	上海市建筑节能和绿色建筑示范项目专项扶持办法	（1）运行标识项目：二星级补贴 50 元/平方米；三星级补贴 100 元/平方米； （2）装配整体式建筑示范项目 AA 等级补贴 60 元/平方米，AAA 等级补贴 100 元/平方米。	
江苏	关于推进全省绿色建筑发展的通知	对获得绿色建筑一星级设计标识的项目，按 15 元/平方米的标准给予奖励；对获得绿色建筑运行标识的项目，在设计标识奖励标准基础上增加 10 元/平方米奖励。	
山东	山东省省级建筑节能与绿色建筑发展专项资金管理办法	一星级 15 元/平方米、二星级 30 元/平方米、三星级 50 元/平方米，单一项目最高不超过 500 万元，获得二星、三星级设计标识的，先拨付 50%，获得运行标识再拨付 50%。	500
浙江	浙江省绿色建筑条例	（1）开发绿色建筑的研发费用，可享受税前加计扣除等优惠； （2）使用住房公积金贷款购买二星级以上绿色建筑的，贷款额度最高可上浮 20%。	
四川	四川省推进绿色建筑行动实施细则	（1）通过绿色建筑认证的项目，有关部门在"鲁班奖""广厦奖""天府杯""全国绿色建筑创新奖"等评优活动及各类示范工程评选中，应优先推荐上报。 （2）建立绿色建筑在财政、税收、国土及规划建设等方面的奖励制度，制定相应的管理办法，对绿色建筑项目进行奖励。	

续　表

省份	政策文件	激励措施	最高补贴金额（万元）
河南	河南省绿色建筑行动实施方案	对使用新型墙体材料，并获得绿色建筑星级评价三星、二星、一星的建筑返还已征收的新型墙体材料专项基金，并给予一定的容积率返还优惠。	
湖北	关于促进全省房地产市场平稳健康发展的若干意见	（1）将以奖励容积率的方式，鼓励房地产业转型； （2）一星级、二星级、三星级绿色建筑，按总面积的 0.5%、1%、1.5% 给予容积率奖励； （3）装配式项目，给予容积率奖励；免征全装修部分对应产生的契税。	
湖南	湖南省绿色建筑发展条例	（1）对二星级以上绿色建筑、超低能耗建筑以及采用立体绿化技术建造的绿色建筑，可以给予适当的资金奖励； （2）使用住房公积金贷款购买二星级以上绿色建筑商品房或者超低能耗建筑商品房，贷款额度上浮一定比例。	

6.4.2　智慧城市市场前景分析

在党的二十大报告中，明确提出了"加强城市基础设施建设，打造宜居、韧性、智慧城市"的战略目标。紧接着，2023 年 2 月发布的《数字中国建设整体布局规划》进一步明确了"夯实数字基础设施"作为国家战略任务的重要性。《数字中国建设整体布局规划》指出："建设数字中国是数字时代推进中国式现代化的重要引擎，是构筑国家竞争新优势的有力支撑。加快数字中国建设，对全面建设社会主义现代化国家、全面推进中华民族伟大复兴具有重要意义和深远影响。"这一规划与"十四五"规划纲要中对新型基础设施建设的系统布局相呼应，后者被视为引领和支撑先进生产力发展的关键方向。此外在《"十四五"全国城市基础设施建设规划》

中，更是强调了在"十四五"时期，将"加快新型城市基础设施建设，推进城市智慧化转型发展"作为发展的重点。

随着中国城市数字化战略的持续推进，数字城市公共基础设施在未来城市发展中扮演的基础性角色日益凸显。在新型城镇化建设与信息革命时代浪潮的交汇叠加下，我国正处于全新的战略机遇期和发展期。在这个时期，依靠数字化驱动的城市建设运行，不仅是实现城市智慧化转型的关键，也是推动城市高质量发展的有效途径。因此，构建数字城市公共基础设施，不仅涉及技术和资金的投入，更关乎城市治理体系和治理能力现代化的全面提升。

具体而言，这包括但不限于建设高速宽带网络、大数据中心、智能化交通系统、智慧能源管理系统等。通过这些新型基础设施的建设和优化，可以有效提升城市管理效率、改善居民生活质量、增强城市应对各类风险的韧性，同时为创新驱动发展提供强有力的支撑。这一过程中，政府、企业和社会各界的积极参与和协同合作至关重要，他们一起共同推动我国城市基础设施建设迈向更加智能、绿色和可持续发展的方向。

我国智慧城市建设已经成为科技创新、产业转型升级的重要引擎。根据中国信通院的数据，中国智慧城市市场规模近几年均保持 30% 以上增长，2021 年市场规模达 21.08 万亿元，2022 年市场规模达 24.3 万亿元，2023 年市场规模在 28.6 万亿元，详见图 6-10。未来，随着技术的不断创新和市场的逐步成熟，智慧城市将迎来更广阔的发展空间和更为广泛的应用场景。伴随着数字技术向下游行业的渗透融合态势，智慧城市应用场景也不断扩充，开始向城市基层延伸，数字政府、智慧学校、智慧医疗、智慧交通、智慧园区等领域已实现深入应用。很多建筑企业开始组建数字化研究院，围绕信息科技服务、软件平台开发、智能终端设备研发、智能工程建造、智慧交通、环境能源、城市更新、碳减排工程实施及运营、智慧城市解决方案提供及实施运营等业务，打造全生态数字化服务平台。

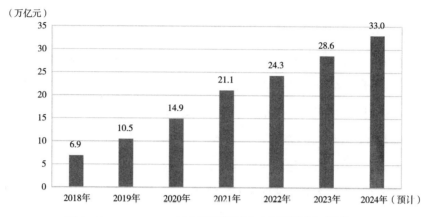

图 6-10　2018—2024 年中国智慧城市市场规模预测趋势图

2024 年，预计新型智慧城市发展重点逐渐向营造优质环境、长效可持续发展转变，以满足城市更多元的内在需求。面对日益错综复杂的环境，新型智慧城市的建设与城市发展的联系将更加紧密。智慧城市建设将在通过城市数据中心的云存储、云灾备、云主机和云安全等服务以及公务网、政务网和城域网等硬件系统布设和系统运维，同时利用软件系统能力整合智慧城市的各种信息系统，有效解决城市的信息孤岛问题，实现大数据资源挖掘和共享，并在智慧城市中的政务、交通、水务、医疗、食品、安防、照明等各个领域开拓创新。

6.4.3　海洋工程市场前景分析

海洋不仅是生物多样性的宝库，也蕴藏着丰富的能源和矿产资源。随着我国对资源需求的提升，陆地资源的开发日益接近极限，人类开始将目光转向广阔的海洋，探索其无限潜力。海洋工程作为一门跨学科技术领域，涵盖了海洋资源的勘察、开发、利用、保护等多个方面，正在成为推动全球经济可持续发展的新引擎。2021 年发布的《"十四五"海洋经济发展规划》指出，我国要优化海洋经济空间布局，加快构建现代海洋产业体系，着力提升海洋科技自主创新能力，协调推进海洋资源保护与开发，维护和拓展国家海洋权益，畅通陆海连接，增强海上实力，走依海富国、以海强国、人海和谐、合作共赢的发展道路，加快建设中国特色海洋强国。

此外，为推动联合国《2030 年可持续发展议程》相关目标落实，第 72 届和 75 届联合国大会通过决议将 2021—2030 年定为"联合国海洋科学促进可持续发展十年"（简称海洋十年）并通过了实施计划，旨在采取一系列行动构建"一个清洁的、健康且有韧性的、物产丰盈的、可预测的、安全的、可获取的和富于启迪并具有吸引力的海洋"。经国务院批准，2022 年，自然资源部牵头协调相关部门成立"海洋十年"中国委员会（简称委员会），组织实施和协调推动"海洋十年"相关重点工作。

我们目前的海洋工程主要包括海洋资源开发与综合管理、海洋资源评估、海洋生态保护修复、海洋新能源、海洋碳汇核查核算、海洋预报预警和减灾等各种领域的工程体系。

比如海洋资源开发与综合管理类的海洋牧场，是利用海洋生态系统的原理，通过人工或半人工的方式，在一定海域内培育、养护和增殖海洋生物资源的一种海洋工程项目。2023 年 6 月，农业农村部、工业和信息化部、国家发展改革委、科技部、自然资源部、生态环境部、交通运输部和中国海警局联合印发《关于加快推进深远海养殖发展的意见》，紧紧围绕深远海养殖发展的重点领域和关键环节，提出全产业链全环节加快推进深远海养殖发展的重点任务，是我国首个关于深远海养殖及海洋牧场发展的指导性意见。海洋牧场不仅能有效提高海洋生物资源的产量，促进渔业资源的可持续发展，还能通过生态修复手段改善海洋环境。在全球范围内，海洋牧场的建设和发展已成为促进蓝色经济增长的重要途径。2023 年 2 月，广东省人民政府办公厅印发《2023 年广东金融支持经济高质量发展行动方案》，明确实施"金融+海洋"工程形成海洋牧场等新增长点。

海上风电是指在海域内安装风力发电机组，利用海上的风力资源进行发电的工程。相较于陆地风电，海上风电因其更稳定且更强劲的风力条件，拥有更高的发电效率和利用率。随着技术进步和成本下降，海上风电正在成为全球能源结构转型中的重要组成部分，为实现碳中和目标提供了强有力的支撑。

除了海上风电，海洋还蕴藏着其他形式的能源，如海洋潮汐能、波浪能、海水温差能等。这些能源具有清洁、可再生的特点，是未来能源结构多元化的重要组成部分。

在国家安全方面，我国正在建设的海洋水下攻防体系兼具战术意义和战略意义，水下攻防对抗体系构成包括机动装备、固定装备、基础设施三个部分，是我国形成反介入/区域拒止能力的重要一环，是大国博弈竞争的重要领域，也是我国实施海洋经济发展战略和推进"海上丝绸之路"国家发展战略的重要保障。

海洋工程的实施离不开先进的海洋装备支持，包括深海探测设备、海洋平台、远洋船舶、潜水器等。随着海洋工程项目的不断增多，对海洋装备的需求也在不断提升。这促进了海洋装备制造业的发展，推动了相关技术的进步和创新。高性能的海洋装备是实现海洋资源深度开发和海洋环境保护的关键。海洋工程作为探索和利用海洋资源的重要手段，对于促进人类社会的可持续发展具有重要意义。面对全球性的资源和环境挑战，加大海洋工程技术研发和应用，发展海洋经济，不仅可以拓展人类生存和发展的空间，还可以为保护地球生态环境、实现绿色发展贡献重要力量。未来，随着科技的进步和国际合作的深入，海洋工程将展现出更加广阔的发展前景。

专题报告

2023年工程建设行业区域战略与市场布局分析报告

当前国内外发展环境发生深刻变化，从宏观大势看，国内经济社会恢复常态化运行，经济总体处于向上修复过程之中，长期向好的基本面没有改变，结构调整、转型升级和高质量发展的大趋势也不会改变。从行业形势看，在房地产及固定资产投资放缓等外部态势作用下，建筑业已经越过顶峰进入调整期，但总体来看，建筑业的支柱产业地位不会动摇，随着国家区域发展战略、交通强国、制造强国、数字中国等战略深入实施，城市群和城市网络等基础设施、新基建及新能源等新兴产业、经济一体化和城乡一体化等区域发展等将带来新的增长点。未来，能够获取市场增长红利、不被淘汰出清的，必定是做好"贴合细分市场顾客需求、参与全球市场竞争、产业上下游协同发展、数字化+低碳化转型"这四篇文章的企业。从微观大势看，建筑产业正经历着深化改革、转型升级与科技跨越同步推进、高度叠加的过程，老的市场格局被打破，随着企业的重新洗牌和重整，链主型企业、平台型企业、科技型企业、专业型企业、敏捷型企业等将成为市场的赢家。

面对行业大变局，策划好、研究好、实施好区域市场定位和布局，并为目标客户提供有针对性的产品和服务。可以实现经营的快速扩张，助推企业发展，确保企业活下去、活得好，尤其重要！

1. 深刻认识国家区域发展变化趋势，有针对性地进行市场布局

区域经济发展战略是指对一定区域内经济、社会发展有关全局性、长远性、关键性的问题所作的筹划和决策。近年来，国家实施区域协调发展战略以来，我国区域经济发展取得了巨大成就，各地区经济获得长足进步，区域发展空间布局逐步优化，为国民经济平稳健康发展作出了重要贡献，呈现以下变化：

一是区域发展差距在相当长时期内会继续存在并扩大，区域发展质量

好坏、发展速度快慢、发展特色优劣等分化现象将更加普遍、更加明显，但扩大的速度将在一定程度上放缓；二是城市化水平将继续提高，中心网络型区域格局逐步形成，大城市对周边地区的辐射和带动作用将显著增强，都市圈将成为经济发展的主导力量；三是随着大交通、新基建等基础设施条件的进一步完善，城际间的经济联系更为紧密，跨区域经济交流与人文合作将进一步加强；四是产业转移的速度将有所加快，大企业在跨区域资源配置中的作用更加突出，合理的产业分工体系将逐步形成，区域统筹发展有望形成新的格局；五是国内统一市场建立正在加强，但区域分割依然较为严重，地方保护仍然在相当程度上存在。

这些变化，促使建筑企业在市场布局中，需要从以下几个方面深入考量：如何根据地区间经济发展的不平衡确定区域发展的布局选择和梯次顺序？如何根据企业的资源禀赋和核心竞争优势选取中心城市辐射周边策略或者农村包围城市类的市场下沉策略？如何根据各地的比较优势，确定先行进入的业务类别和客户群体？如何把握区域发展的热点和产业兴起的风口，有目的地先行布局和配置资源？如何围绕经济一体化和城乡一体化趋势，积聚内外部资源协同自身专业产业发展？

2. 全面把脉建筑市场形势和建企市场表现，找准自身市场定位

（1）建筑业产值稳步增长，黄金十年转为白银十年，市场从增量竞争转为存量竞争

2010—2020 年的十年，中国建筑业的总产值从 95206 亿元跃升到 263947 亿元，年均增长 17.7%；2023 年建筑业总产值为 315912 亿元，比 2020 年年均增长 6.17%。由此可见增速明显放缓。

（2）细分市场分化，一半是海水一半是火焰，企业同质化竞争白热化

在行业进入存量竞争的背景下，也出现了一系列的显著分化。新兴的行业，如美丽乡村、城中村改造、新基建、"平急两用"工程等方兴未艾；稳定的行业，如交通、市政基础设施等稳中有进，水利水电、保障性住房等短时期内会有一定的增长；下降的行业，如商住办公、楼堂馆所、公共设施等将增速放缓。

在这个信息透明的环境下，会进一步加剧各个细分行业的竞争态势，所有的企业都会去追逐风口，四大建筑央企的经营范围趋同明显，使新兴行业快速地由蓝海市场变为红海市场。

(3) 区域发展不平衡，两级分化较为严重，建筑大省、强省优势明显

建筑业已经成为我国各地拉动经济增长的重要产业之一。2023年，江苏省建筑业总产值依旧领跑全国，远远超过全国其他各地区，达到43140.15亿元，占全国建筑业总产值的13.66%。浙江省建筑业总产值仍位居第二，为24593.51亿元，占全国建筑业总产值的7.78%，与江苏省差距拉大。其中，南通、绍兴则是江浙二省建筑业杰出代表，两地在建筑业方面的产值占所在省的四分之一左右。排名最低的西藏、海南、青海、宁夏建筑业总产值均未过千亿元。

再从建筑市场来看，投资量大、人口众多、经济发达、业务机会比较多的区域集中在一些成熟的都市圈地区，长三角城市群、粤港澳大湾区城市群尤其如此。据了解，深圳注册的全国重点大型工程企业已经超过300家（注册资金超10亿元），在苏州，中建系统的二、三级单位几乎都设有分支机构，抢抓发展机遇的态势愈发强烈。

(4) 建筑业集中度不断提升，央企、国企挤占民企市场份额成为不争事实，固化趋势有所改变

从行业的竞争态势来看，建筑业的集中度不断升高。从2011年到2020年，八大央企订单市占率的变化从25%增加到了36%。2023年全国5000万元及以上项目中标金额157447.99亿元，项目数量为48461个。其中民企中标金额38495.90亿元，中标量29549个，分别占比24.46%、42.34%。建筑央企、国企越来越多地进入民企及中小建企的优势领域。

(5) 行业重新洗牌，建企冰火两重天，强者愈强的头部效应更加显现

截至2023年12月底，中建累计实现新签合同额43241亿元，平均每天118.5亿元，两大支柱——中建三局、中建八局继续高歌猛进，分别以超9000亿元和超8000亿元，傲视群雄。同期，有相当的低资质民企经营成果为零。

各省份中标额的前二十榜单中，均是国企数量占据优势。5000 万元及以上公投市场中，上海中标额前十榜单中，地方国企上海建工及其下属单位占据第一、三、四、六、七、八、九共 7 个席位，山西中标额前二十榜单中，地方国企山西建投及其下属单位占据 11 个席位并且前 9 强由其包揽。大树底下寸草难生，呈现明显的两极分化。

2023 年，全国 5000 万元以上公投市场活跃企业合计 6.98 万家，其中活跃民企 2.95 万家，占比 42.34%。从增速看，2023 年全国活跃企业增长明显，达到 9.79%，活跃民企同比增长 8.81%。活跃民企数量增长率继续低于行业平均增长率。

据不完全统计，仅仅 31 天，江苏 45 家、浙江 14 家、四川 9 家、重庆 12 家、上海 12 家、福建 10 家、安徽 20 家企业倒闭，2023 年 1—8 月全国 1300 余家建企破产倒闭，基本为建筑安装和劳务企业。再看看南通铁军，受房产暴雷等影响，建筑行业受重创。3 家特级企业、4 家一级企业宣布破产。

3. 积极融入国家区域发展战略，全面塑造区域联动发展优势

（1）精心制定企业区域发展战略

企业在制定区域发展规划时应该从宏观、中观、微观三个维度来谋划和设计。一定要从宏观上研判经济形势和宏观政策，分析预测整体经济走势和未来政策导向；要从中观上把握不同等级的区域发展规划和产业发展规划、各级、各地区固定资产投资计划等，掌握区域功能定位、产业布局、市场容量和发展潜力、竞争强度和获利空间；要从微观上认知企业愿景、企业中长期规划、企业资源禀赋和核心竞争优势；剖析企业的市场机会和业务领域，明确企业想要什么、能要什么、实现什么。

在制定过程中要牢牢遵循以下原则：积极审慎的原则，既充满信心，看好未来，又审慎思考，稳健考量，行王道而非诡道，走稳招而不走险招；不忘初心的原则，要与企业愿景、远景无缝贴合，与商业主张、经营本质保持一致，要做到企业核心竞争力与行业成功要素的匹配，资源禀赋与市场定位匹配；以我为主的原则，不追热点，不赶风口，有所为有所不

为，转型不转行，创新不违规。

在制定的思路上建议从三个方面入手：以终为始，站在 2035 年回眸 2023 年，从远景目标和现实距离寻找战略方向和目标。登高而望，跳出企业看行业，站在行业回眸企业。就经济和社会发展的趋势、行业发展趋向寻找切入口；以我为主，发挥优势，突出企业长板，选择增长型战略，奉行"长期主义"信念，回归企业本质和商业逻辑中寻找着力点。

在制定的方法上采取三步走：一是选择和定位。从高、中、低三个发展维度选取适合自身拓展的区域，从区域发展的时间线、空间容量确定区域拓展的先后顺序。二是分析和比较。分别对区域的市场容量和投资规划进行测算，对区域的政策和政府的态度进行分析，对区域的竞争对手和常用手段进行模拟，对自身的资源禀赋和优劣势进行比较，对区域发展的投入和商务成本进行估算。三是策略和方法。确定市场的拓展方式，确定市场的资源配备，确定市场的拓展计划。

（2）积极实施企业区域发展战略

实施企业区域发展战略，应该采取积极而主动的策略。

具体而言，一是策略为先。在区域选择（进入、发展、维持、收缩、退出）、区域组合（近、中、远三层次组合，地理区域组合，业务功能组合）、区域扩展（集中发展、机会型扩张、渗透型扩张、聚焦型扩张、其他型扩张）三大策略确定的基础上，要在体系建设、资源配备、机制激励上，以抓铁有痕、滚石上山的韧劲，推进拓展计划的有效落地实施。

二是场景为主。要根据市场拓展的实际场景分层次、分活动环节展开，模拟在市场和客户开发、客户关系维护保持、相关方关系融洽、供应链协同发展、现场、市场信用提升、投标竞合决胜的各个客观场景，并设定在各个阶段和活动目标场景。复盘和审视三个场景之间的偏差，调整和改进市场开拓的各项具体工作，固化为操作手册和话语术，指导具体实践。

三是聚力为要。市场的拓展需要企业上下同欲，同舟共济，要做到多方协同，合作制胜。首先是分层经营，要界定集团本部和分支机构的功能定位和管理界面划分，根据外交对等的原则，实现总部对总部、分支对分支的经营格局。在新入地区，总部先行铺垫行动、做好示范，达到一定规模并形成固化标准后，再扶上马送一程，确保市场得以巩固和提升；其次是团队经营，经营单位一定要整合企业内的各种资源和人才，根据不同特点市场和客户的需要，组成经营团队。文化营销、技术营销、关系营销、组合营销多管齐下。三是协同经营，企业的多个专业业务领域必须抱成团，形成业务集成，围绕市场和客户在设计、施工等多个环节中的需求，量身定制全面的服务内容和全过程的解决方案。变单打独斗为集成作战。

（3）积聚企业资源，塑造强势区域市场

在抢占市场制高点的过程中，企业需要站位更高，措施更实、力度更大。可以采取以下四种方式：一是跟着客户走出去，围绕大客户的区域布点，紧跟大项目、大客户走出去，并通过项目的实施，扎牢底盘，实现本地化经营。二是带着资金走进去，通过投、建、营方式，帮助当地政府开发经营，提高政府对企业贡献的认可进而扎根入户。三是安家落户走下去，通过经营筹划和税收筹划，引入稳定性收入和税源企业，赢得属地政府的支持和帮助。条件许可下，可以与属地政府及下属投资平台建立合资合作关系，以巩固政商关系，扩大市场面。四是提升能力走上去。优势企业可以凭借企业技术、管理、资源的优势，在当地迅速形成标杆典范，并带动理念更新和行业提升，扩大属地政府的影响力和美誉度，帮助政府获得更多的政策倾斜和发展红利。

2023 年工程建设行业民营企业生存与发展分析报告

中国市场经济改革不断取得突破的一个特征就是民营经济发展壮大，民营经济是社会主义市场经济的重要组成部分，与国有经济形成了功能互补局面，两者共同构成了基本经济制度的重要内容，共同构筑了推动经济高质量发展的现实基础。当今世界正经历百年未有之大变局，世界多极化、经济全球化处于深刻变化之中，中国经济进入新常态，迈入新发展阶段，加速构建新发展格局。按照国家发展战略要求，建筑行业面临转型升级、高质量发展的挑战，不确定性成为这个时代的显著特点。在此背景下，工程建设行业民营企业生存与发展的机遇与挑战并存。

1. 宏观环境与工程建设行业市场现状

近年来，国家出台一系列政策措施，不断优化民营经济发展环境，引导民营企业通过自身改革发展、合规经营、转型升级不断提升发展质量，促进民营经济做大做优做强。《建设高标准市场体系行动方案》《中共中央、国务院关于加快建设全国统一大市场的意见》《中共中央、国务院关于促进民营经济发展壮大的意见》《国家发展改革委等部门关于实施促进民营经济发展近期若干举措的通知》《关于强化金融支持举措 助力民营经济发展壮大的通知》等政策中，针对民营企业发展，提出了很有针对性的措施，从优化发展环境、加大政策支持、强化法治保障、推动民营经济高质量发展、促进民营经济人士健康成长、营造社会氛围等方面进行了系统的部署，及时回应了民营企业关注的痛点、难点问题，为工程建设民营企业发展创造了公平的竞争环境，为实现民营企业与其他所有制企业共同发展提供了制度保障。

2. 工程建设行业民营企业面临的挑战

（1）激烈的竞争格局

2023 年，我国的城镇化率已经达到 66.16%，建成建筑 6 亿栋，建筑行业存量资产巨大，已逐步进入存量市场时代。建筑业作为投资拉动型产业，受地方财政不足、民营和外资投资下行，面临投资来源不足的情况，预期竞争将更加剧烈；同时，一些央企、国企的国外市场受限，纷纷回流国内，下沉到各个地方市场，市场集中度进一步提升。

（2）严峻的市场环境

2021 年 5 月，恒大的暴雷所引发的多米诺骨牌效应，连带多家房地产行业的头部企业，相继出现暴雷、延迟兑付、延迟交房等现象。与房地产行业深度捆绑的众多建筑企业，也受到了不同程度的巨大冲击。

截至 2023 年底，我国的存量已建成楼房 6 亿栋，城镇化率已达到 66.16%，已形成巨大的建筑存量市场。人口中位数达到 38.5 岁，社会老龄化趋势逐步加剧，对未来的消费、生产等方面，预期都将产生深远的影响。

在众多因素叠加影响下，2023 年，全国房地产开发投资 11.09 万亿元，比上年下降 9.6%。其中，住宅投资 83820 亿元，下降 9.3%。房地产开发企业房屋施工面积 838364 万平方米，比上年下降 7.2%。其中，住宅施工面积 589884 万平方米，下降 7.7%。房屋新开工面积 95376 万平方米，下降 20.4%。其中，住宅新开工面积 69286 万平方米，下降 20.9%。房屋竣工面积 99831 万平方米，增长 17.0%。

（3）艰难的产业转型

对于建筑企业的转型升级，在生产方式上，主要向绿色施工、安全标准化工地、智慧工地、信息化、建筑工业化、装配式建造等方面转变；在组织方式上，则重点向工程总承包、全过程咨询、城市建设综合服务商等方面转变。随着我国经济新常态的到来，建筑行业需要转变传统的粗放式、高速增长模式，向集约式、精细化、信息化、工业化、绿色节能环保的高质量增长方式转变，需要以技术创新为动力，进行建筑业的供给侧结构性改革。与改革配套的观念、技术、人才、资源等，都需要进行整合与投入，对于企业的综合能力、资源整合能力等，都提出了较高的挑战。

此外，招人难留人难、融资难融资贵、经营风险等问题也困扰着民营企业的发展。

3. 民营企业的现状与困境的原因分析

（1）发展阶段的困扰

我国经过 45 年的改革开放，在建筑领域完成了举世瞩目的成就。同时，随着城镇化增速的不断降低，人口老龄化程度的日渐加深，建筑行业的发展已由高速、中高速增长逐步进入波动调整阶段，建筑市场也将逐步以存量为主；加之建筑行业投资拉动型的特点，当前多数地方政府、企业都面临囊中羞涩的情况——建设资金来源不足，已成为制约企业业务总量的关键因素之一。行业洗牌、市场冲击在所难免。

（2）转型升级的阵痛

随着我国经济进入高质量发展阶段，建筑行业的传统高能耗、高投入、高污染、低产出的粗放式增长方式，将逐步被更低能耗、低投入、低污染、高产出的精细化增长方式所替代，网络化、智能化、信息化、装配式、绿色节能、低碳环保等新型生产方式和组织方式，已成为行业和企业转型升级的必然趋势，也是广大中小民企必须经历的"涅槃重生"之路。一些民企由于人员、观念、资金和资源等所限，没有及时对接新的技术和趋势，导致在企业经营管理过程中举步维艰。

（3）融资环境的压力

随着房地产行业企业的相继爆雷、经济增长下行压力增大等因素影响，银行等金融机构纷纷对民企收缩信贷；同时，建筑企业应收账款被大量拖欠已成为常态，企业之间相互担保情况广泛存在，在银行压贷、限贷的行动下，带动企业上下游资金链断裂，形成恶性循环。

（4）企业认识的不足

中国式现代化更强调经济发展的质量、平衡、安全和可持续性。新的发展范式和要求具有鲜明的时代内涵和特点，对民企进一步转变观念、树立家国情怀、勇担社会责任、推动和落实共同富裕、加强爱国主义教育等方面，都提出了新的要求和期望。

4. 改善民营企业发展环境的若干建议

（1）加强政策落地

一是各级政府部门和银行金融机构等，要坚定不移地落实好国家的政策和要求，切实解决好"最后一公里"的政策落地问题。二是按照《中共中央、国务院关于加快建设全国统一大市场的意见》有关要求，扎实推进招标投标领域突出问题专项治理，打破地方保护和市场分割，建设高效规范、公平竞争、充分开放的全国统一大市场。

（2）加强金融支持

扎实落实《关于强化金融支持举措 助力民营经济发展壮大的通知》及配套政策措施，银行等金融机构设置民企贷款的专用额度或专项基金，通过设立政府产业发展基金、行业专项授信等多种方式，加大对科技创新、"专精特新"、绿色低碳、高诚信度等民企的支持力度，畅通资金通道，降低融资费用，确保资金的精准滴灌和与需求配套的有效使用期限，切实为民企雪中送炭、服务实体经济。同时，针对政府、大型国企拖欠民企工程款等现象，在扎实做好《清理拖欠企业账款专项行动方案》基础上，建议建立常规的"行业问题直通车"，以多种方式、多种渠道缓解民企资金压力。

（3）关注行业政策，抓住发展机遇

既要密切关注世界和国家、行业与区域的发展动向，也要结合自身特点，有针对性地扬长避短，在国家和行业发展的前沿和根本上，围绕绿色、节能、低碳环保、建筑工业化、智能建造、大数据、城镇老旧小区改造、城中村改造等，深入思考，系统研究，整合资源，提前布局，创造和把握发展先机。

（4）加强技术创新，提升核心能力

科技是第一生产力。民企需要围绕《建筑业十项新技术》、双碳等行业热点和难点，从业务链入手，不断提升自身的技术储备和项目管理能力；中小型民企要力争打造成专精特新型、小巨人型、单项冠军或隐形冠军型企业，培育独特的竞争优势，不断提升核心竞争能力，坚持做精做强

做专；大型民企要积极探索培育投资、设计、施工、运维能力，以一体化模式提升核心竞争能力。

（5）完善企业管理，提高效率效益

充分认识和利用移动互联时代的特点，提升企业的数据获取、加工、应用与决策的效率，为企业注入活的灵魂；时刻保持危机意识，坚决降低内耗，系统提升风险防控能力，强化信用体系建设，严防失信风险，做好应收账款催收，行稳致远。

（6）注重模式创新，激发内生动力

坚持眼睛向外，刀口向内，努力打造共生模式。即在公司内，通过分权、授权、放权、赋能，打造责权利等边三角形，提升组织效率；坚持去中心化、去中间化，压缩管理链条，推动组织的扁平化建设；通过大部室、阿米巴等模式，拆除部门墙；打造小头部、大平台、富生态、共治理的平台化、网络化、生态化韧性组织；探讨推进项目跟投、模拟股份制、混合所有制、事业合伙人等机制建设，重塑企业内部的分享、发展、管理机制，努力营造共担、共创、共享的共生模式。

（7）拓展多元业务，寻求新增长点

立足企业实际，对横向、纵向产业链进行系统分析，发挥优势，规避短板，直面挑战，把握机遇，对战略发展方向及业务布局谨慎选取。无论是业务选择上的相关多元化、无关多元化，还是战略的扩张、稳定、转移或收缩，均应坚持谨慎原则，审慎开展，力争以新的业务增长点或资源组合方式，保障企业的平稳。

（8）参与国际竞争，拓展国际业务

随着市场竞争的日益加剧，民营企业必将面临行业洗牌等巨大冲击，企业要未雨绸缪，在向成熟企业借鉴取经的基础上，尝试通过借船出海等方式，把握国家"一带一路"倡议、参与非洲援助等机遇，把控战争、地缘政治、民族风俗、汇率等风险，审慎参与国际业务，也未尝不能驶向一片蓝海，开拓属于自身的独特发展之路。

(9) 坚定信心信念，重燃创业激情

民营建企要保持可持续发展的态势，必然要回归行业与企业的根本，坚持稳健经营、客户第一、质量和服务为本；不可贪大求全、贪图冒进，要强身健体，看好现金流。要牢固信仰，坚守信念，保持信心，关注信息，强化政治站位，积极响应国家的号召，探讨不同体制企业共创、共担、共赢的共生之路。

数智时代的工程建设企业链合发展之路

当前，数字经济蓬勃发展，全球经济面临着前所未有的重大变局，全球产业链面临重构。产业链强则产业强，产业强则实体经济强。以产业链为主线，畅通上下游、整合左右岸，稳定供应链、配置要素链、培育创新链、提升价值链，正在成为经济发展的强大助推器。

建筑产业涉及很多行业和企业，包括从事投资开发、建筑规划、勘察设计、工程监理、技术咨询服务的企业，从事产品生产经营过程中设备、部品、新材料的研发生产制造的企业，以及从事工程总承包、现场施工、装饰装修以及房屋维修、管理服务的企业等。建筑产业贯穿工程建设的投资、建造、生产、供应、流通等全过程，形成了围绕产业链上下游的专业化社会分工协作机制。

1. 数智化新时代已经到来

从全球范围来看，数字经济是伴随着信息技术兴起而发展起来的经济业态，它构成了当前全球经济转型升级的核心内容，是世界经济发展的未来，并且与传统产业发生了深度融合，逐步推动着产业与全社会的数字化进程。在数字经济时代，新的竞争对手不断涌现，新的商业模式层出不穷，很多企业面临着核心业务增长乏力的问题，数字化转型成为企业全面实现数字化时代的客户价值、转型数字化运营和数字化商业模式的必由之路。

从我国发展来看，"十四五"时期是我国新兴产业发展的关键时期，越来越多的数字技术将进入大规模的产业化、商业化应用阶段，成为驱动产业变革和带动经济社会发展的重要力量。未来几年，我国将处于数智化基础设施加快安装，企业数智化转型抢先加速、弯道超车的窗口期。

在科技高速发展的助推下，中国当下的经济已由高速增长阶段转向为高质量发展阶段，各大企业都开始积极主动地进行数智化转型，全力推进新技术与实体经济的深度融合，不断激发企业的创新潜力，助力推动企业的长远发展。

在数字经济时代背景下，各行各业都在全面推动新技术与商业的加速融合，全力驱动商业模式创新。作为传统产业的工程建设企业，谁能率先抓住这一轮抢跑窗口期，全面提升自己的数智化水平的能力，谁就能获得超越传统企业的代际竞争力。

从科技语境里面去表述我们现在所处的环境，我们已经进入了数智化时代。数智化可以简单地理解成数字化与智能化的结合，本质是万物互联，第一层次是连接，第二层次是数据价值提炼，第三层次是效率应用赋能，数据的价值落地到应用场景。数智时代是指当前和未来的一个时代，其中数据和智能技术被广泛应用于各个领域和方面，从而推动了社会和经济的发展。

从社会系统学角度来表述我们所处的时代，我们正处于"VUCA 时代"。当今时代，在互联网消除人们之间的信息差的同时，人们的数字化需求变得更加多元化，加上受"疫情""贸易战"等"黑天鹅"的影响，社会环境变得更加复杂、模糊、多变和不确定。当前或未来一定时间内，世界经济发展将会呈现两种常态："外部环境的不确定性，是可以确定的""唯有变化，是不变的事实"。

易变性（volatility）：在层出不穷的新技术驱动下，市场上的一些既定的商业秩序、业务逻辑、用户行为等商业环境变得不稳定，时刻都可能发生变化。

不确定性（uncertainty）：影响企业管理决策带来不确定的因素有很多，包括企业内部的因素，例如：组织机构、人员、产品、业务流程、信息系统等，以及外部环境因素，例如：竞争环境、政治环境、法律环境、经济环境等。除此之外，中美两国的贸易冲突，俄乌战争、巴以冲突、台海南海问题等"黑天鹅"事件，更是让企业商业环境变得更加"不确定"。

复杂性（complexity）：从企业数字化的角度，复杂性又可分为业务复杂性和技术复杂性。业务复杂性是指业务环境的各种因素之间不是孤立存在的，而是相互影响和干扰的，每件事情的变化都会影响到另外一些事情，在易变性、不确定性的影响下，业务变得更加复杂。技术复杂性是指如今的数字化系统不仅需要考虑功能方面的易用性、适用性，还需要考虑性能方面的稳定性、可靠性、扩展性等。

模糊性（ambiguity）：数字化带来的万物互联、数据互通、生态融合……，在各种数字技术的推动下，从物理世界到数字世界，事物之间边界越来越模糊。价值边界具有模糊性，例如，手机不再只是用来打电话的，而是用来拍照、听音乐、看视频。

2. 新时代的商业挑战应对思考

（1）取势：管理不确定性

查理·芒格："宏观是我们必须要接受的，而微观才是我们能有所作为的。"彼得·德鲁克强调："企业之所以能够存在，唯一的理由是创造客户。""我们的任务是管理现在，努力地促成能够发生和应该发生的。"尽管未来存在着诸多不确定性，但它既是可预测的也是不可预测的，可预测的是未来发展的大趋势，不可预测的是未来的精确图景。不确定性既包含着损失的可能，也包含着巨大的盈利机会。预测未来最好的方式就是创造它。

（2）悟道：转型升级新方向

"做什么"：如何选择适合的战略定位和商业模式？战略定位和商业模式调整优化的原则是创造价值。

"谁来做"：如何持续优化组织架构和经营体制？优化组织架构和经营体制要做到组织设计的扁平化、组织体制的规范化。

"怎么做"：如何建立科学的管控和运行机制？建立科学的企业管控及运行机制的方向是集权化管控、生态圈链合。

（3）变法：唯变不变，以变应变，变中寻机

当今时代唯一不变的就是变化，不确定性已经成为常态。变不是最重要的，变化的趋势或趋势的变化是最重要的，趋势的变化能让人发现看得见的未来。变化不是威胁，而应该把它看作机会。没有人能够左右变化，唯有走在变化之前。

市场竞争风云变幻，企业长盛不衰的关键在于，是否具备了把握趋

势、调整战略、应对变革的能力。动荡时代最大的危险不是动荡本身，而是仍然沿用过去的思维逻辑做事。真正的危险来自视线之外。

（4）优术：经营的本质

企业经营的本质是两个经营：对外经营客户，对内经营员工。对外经营客户：通过建造优良产品、提供优质服务、塑造优秀品牌，实现客户满意，收获产品利润效应。对内经营员工：通过提高物质待遇、持续感情投资、推进共同事业，实现员工满意，收获员工努力工作。

（5）赋能：管理的力量

华为的任正非讲过，企业越是高速成长，越是发展顺利，越容易忽视隐藏在背后的管理问题。我们战胜竞争对手的真正重要因素是管理与服务，并不完全是人才、技术与资金，上述三要素没有管理形不成力量，没有服务达不成目标。彼得·德鲁克也说过，管理的本质不在于控制员工的行为，而是控制员工的思维，要给员工提供创新的空间。管理是一种实践，其本质不在于"知"，而在于"行"，其验证不在于逻辑，而在于成果。

3. 链合——共创共享共赢

（1）链合的基本概念

链合是指产业链、供应链及其他链之间，各链企之间，企业内部产业的协同和融合。链合的基本要求是链内融合，链间协同。

（2）链合是数智时代工程建设企业发展大势所趋

①企业层面

在产业链中，前端的专利/技术和后端的品牌/服务的附加值高，而处于中间环节的制造，附加值最低，中间环节凹陷，形成一个"微笑曲线"，详见图1。

在国际和内需双下行的形势下，我国工程建设行业产能饱和，处于产能过剩的饱和式同质化竞争，建造的中间环节越来越凹陷，"微笑曲线"的弧度会越来越大。链合可以逐步破除"微笑曲线"魔咒。链合将是工程建设行业从低端向高端迈进的必由之路。数智技术是工程建设企业链合的保障。

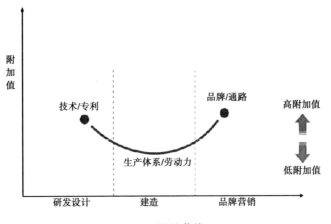

图 1　微笑曲线

②国家层面

2023 年 6 月，国务院国资委印发的《关于开展中央企业产业链融通发展共链行动的通知》提出，要聚焦央企的产业链间协作、央企与中小企业协同融合，重点在供需匹配、协作配套、创新合作、资源共享、产业赋能、产融结合、央地合作等七方面形成一批示范项目；强调要重点考虑央企现代产业链建设和央企加快发展战略性新兴产业有关方向。着力打造目标明确、任务清晰、项目落地的产业链生态圈战略合作。国务院国资委已经明确，央企稳步推进基础固链、技术补链、融合强链、优化塑链，带动各类经营主体参与现代化产业体系建设，向产业链价值链中高端迈进，有效维护产业链供应链安全稳定。

共建新机制，实现多维度协同。绘制产业链图谱，牵头组织产业联盟，加强与产业链相关企业的协调会商，建立产业链上中下游供需对接机制、项目共建机制、成果共享机制和生态共建机制，提升我国产业链协作效率。

共筑新基础，夯实产业发展底座。加大科技创新投入，组建更多创新联合体，打造统一开放、竞争有序的产学研协同创新网络，联合中小企业开展强基补短工程和产业基础能力再造工程，着力解决我国产业体系"缺基少核"问题。

共享新成果，激发产业发展原动力。积极开放应用场景，以首台套首批次首版次为切入点，推动更多的中小企业产品服务进入中央企业采购名录，为新产品、新技术大规模示范应用提供支撑。

共创新生态，打造互利共赢共同体。发挥龙头企业产业主导作用，强化产业链供需协同，引领带动各类市场主体参与新型价值创造体系建设，着力营造开放共享、相融共生、互利共赢的平台和生态。

共谋新发展，掌握未来竞争主动权。加强与各类所有制企业在新领域新赛道上的合作，大力发展新一代移动通信、人工智能、生物技术、新材料等科技含量高、带动作用大的战略性新兴产业，积极培育孵化未来产业，加快形成新质生产力。加强与国际商业伙伴合作，完善面向全球的生产服务和资源获取网络，构建具有更强创新力、更加多元化、更安全可靠的供应链体系。

（3）中国式产业链链合发展现状和特色

现代产业链不同于传统产业链，具有更强的灵活性和多元性，产业链节点企业之间是全方位协同合作的关系。产业链环环相扣，一个环节阻滞，上下游企业都无法运转。中国式产业链协同是"链长制""链主制"。以中央企业等国有企业为中心打造产业链链长，以地方政府为链长，以当地国有企业为中心打造产业链链主。截至 2022 年底，国务院国资委先后分两批遴选出 16 家"链长"企业，主动在重要行业、关键领域进行布局。2022 年，这些企业完成强链补链项目投资 1300 多亿元，解决了 270 余个产业链难点。当前，在数字经济推动下，中国特色的产业链协同模式的突出独特性主要表现在两个方面：

第一，多种所有制结构决定了我国产业链协同可以探索新型举国体制优势，既能发挥国有企业的主导作用，又能发挥民营企业以及各类市场主体的灵活性、创新性优势，推动产业链更高效协同。

第二，数字经济的先发优势为我国推动产业链协同发展提供了新的技术手段、数字基础设施和应用场景支持，使得产业链的协同更加透明、高效，有利于提升产业链协同效率；多应用场景为不同产业、产业链内不同环节等协同发展创造新的条件，有利于进一步深化产业链内各主体的深度、有序合作。

（4）工程建设企业链合之路的选择

工程建设"链长"企业：应着手推进设计研发、生产建造和供应链管理等关键环节的智能化、绿色化、服务化转型升级，促进产业链上的供应商、制造商、经销商、服务商以及终端需求之间形成更加紧密的网络协同关系，将供应商、制造商、分销商直到最终用户连成一个整体的功能网链结构，详见图2。

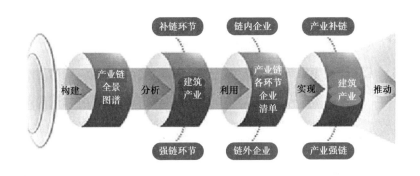

图2　整体的功能网链结构

工程建设"链主"企业：应以产业链创新链深度融合实践为抓手，推进科技创新向产业链前端延伸，产业创新向高科技高附加值的创新链后端延伸，构建创新链产业链深度融合新机制，推动经济发展由要素驱动型转向创新驱动型，为实现经济高质量发展提供有效路径。骨干央国企和龙头民营企业要聚焦横向合并增强规模实力，聚焦纵向联合推动上下游协同发展，聚焦创新攻坚打造关键引擎，聚焦内部协同夯实发展根基，共同推进产业链融合发展，实现互利共赢，助力实现补链、强链、延链。中小企业要主动向专业化转型，积极融入产业链供应链，深化产业数智赋能，聚焦产业链薄弱环节，从强链补链角度，巩固优势产业领先地位，在更宽领域、更深层次与"链长""链主"实现供需匹配、协同创新、成果共享、生态共建，谋求更高发展。既要链合，更要竞合，要逐步实现"产业链+供应链""区块链+供应链""产业链+创新链""产业链+供应链+区块链""创新链+资金链+人才链+价值链（企业链）"。

（5）工程建设企业链合发展趋势

数据驱动的链合。随着大数据和人工智能技术的广泛应用，数据将成为链合的核心驱动力，通过数据分析和挖掘，企业能够更好地洞察市场需求和消费者行为。

智能化的链合。随着物联网和智能制造技术的成熟，产业链企业生产和服务将更加智能化，提高生产效率和服务质量。

跨界的链合。链合需要不同领域、产业与行业之间的合作与共享，跨界合作将成为未来发展的重要趋势。

（6）工程建设企业链合的意义

当前中国建筑业面临的变化既有周期的规律性，也有时代特有的影响因素。经济周期变化谁也阻挡不了，适应就是胜利，机遇对所有企业都是公平的，有弊就有利。高效链合能制胜，单打独斗必死无疑。

在竞争日趋激烈的当下，企业间的竞争已经从个体上升至供应链乃至整个产业链的竞争，共生共荣的产业生态已成为共识。通过数字驱动，可以使上下游企业的信息流、物流等数据真正流转起来，不仅能提升整个链条的数字化水平，降低整个产业链供应链的运营成本、提升效率，还能构建一个价值共赢、互利发展的产业生态圈和命运共同体。

4. 链合赋能发展"第二曲线"

（1）"第二曲线"的意义

关于"第二曲线"，英国管理学大师查尔斯·汉迪给予的定义是：从拐点开始的增长线，详见图 3。

为什么要寻找企业发展的"第二曲线"，要提前布局企业的"第二曲线"？这是因为"第一曲线"滑过抛物线的极限点就会衰退，而持续增长的秘密，就是在第一条曲线消失之前开始第二条新的曲线。

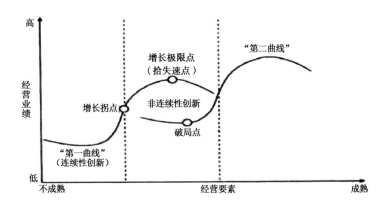

图 3 第二曲线

如何寻找企业发展的"第二曲线"？当企业某经营要素出现业绩增长拐点的时候，就必须思考通过创新发现"第二曲线"来弥补"第一曲线"即将面临的增长放缓，甚至业绩下降。企业如果想基业长青，只有通过创造性破坏，跨越到第二曲线创新中去。

（2）围绕"产业链合新业务模式"寻求"第二曲线"

在"产业链合新业务模式"中寻求发展的"第二曲线"。传统工程建设企业在单一业务模式上的变革与转型迫在眉睫，越来越多的工程建设企业在工程总承包、全过程工程咨询、建筑工业化等新业务模式上进行突破，向上向下延伸业务链条，不断增强企业实力和盈利能力。

当前，工程建设企业主要围绕传统建筑主业进行横向或纵向拓展，比较多采取"建筑+"模式，如"建筑+更新运维（城市）""建筑+新能源（水能、光能、风能）""建筑+生态环保（水、山、林、乡村、EOD等）""建筑+实业（新装备、新材料）""建筑+数字化+绿色低碳"等等。要通过构建企业间的战略合作关系，形成利益共同体，发挥上下游协同链合效应，促进产业间的协同发展和竞争力提升。以工程建设环节为项目启动点，向着产业链两端延伸新业态，构建跨行业、跨产业间的功能再造，构建项目策划、设计、采购、施工、运营和维护等全产业链综合服务体系，打破单一施工生产的业务结构。

（3）围绕"科技研发产业化发展"寻找"第二曲线"

在"科技研发产业化发展"中寻求发展的"第二曲线"。工程建设企业通过加强科技创新，推进科技研发成果的孵化，形成独有的新技术、新工艺、新材料、新产品，要分层次实施好科技创新活动：0 到 1 的原始创新、1 到 N 的组合创新，以及"1+"的模仿再创新。以"工程+科技"业务模式推动研发成果转化为现实生产力，将孵化产品推向市场，最终实现科技研发产业化发展。

从工程建设行业未来"工业化、数字化、绿色化"三化融合发展趋势来看，建筑业未来会以新型建筑工业化为载体，以数字化、信息化和智能化升级为驱动力。工程建设企业要逐步形成涵盖科研、设计、生产加工、施工装配、资产运营等全产业链融合数字化赋能的一体化产业体系，通过科技研发成果落地，逐步提升工程的安全质量、经济效益和服务品质，不断形成新的经济增长点（形成科技驱动的第二曲线）。

（4）围绕"组织新旧动能转换"寻求"第二曲线"

在"组织新旧动能转换"中寻求发展的"第二曲线"。工程建设企业应及时对组织架构进行优化创新，不断增强组织的灵敏度与应变力，激发组织新动能，以有效推动战略的实施落地和业务的升级转型。通过"前、中、后台"组织模式的建设，有力推动企业各项业务的协同发展。要围绕提升组织效能和经济效益为总体目标，进行组织创新，企业纵向各管理层级、横向各职能部门间能高效协同联动，能全员参与、全要素覆盖、全管理环节系统联动，以赋能打造应对不确定性的敏捷团队。

当前，企业所处的商业环境发生了巨大的变化，企业不再是单纯的按职能、按岗位、按职责、按业务范围划分的科层组织，更应该是适应全链接的去中心化或扁平化的组织。传统管控加激励的管理模式正在被赋能型组织摒弃，而权力、资源、信息、利益下放，创造无数赋能团队，促使自我驱动，自主应对变化，激活组织，提高组织环境适应力。未来组织最重要的职能是赋能。

目前建筑业正面临第四次工业革命与第三次能源革命叠加的机会窗口，我国建筑业正处在一个由高速发展向高质量发展的转型阶段、由"建造大国"向"建造强国"迈进的升级阶段。对于传统工程建设企业来说，只有充分认清当前所处的环境，主动融入国家创新体系和产业体系，不断创新管理模式，强化"链内融合""链间协同"，提高市场经营与履约能力，就一定能够在激烈的市场竞争中，从容应对"危""机"，就一定能够实现工程建设企业的高质量发展。